YachtClub

FABIO RATTI-RICCARDO VILLAROSA

Yacht Club

Inter BOOK

Yacht Club wurde entworfen und realisiert von
Overseas s.r.l., Mailand
Redaktion: Maria Elisabetta Botto Poala,
Lidia Gherarducci
Herstellung und Layout: Alberto Conforti
Fotoauswahl: Fototype, Mailand
Fotolitho: Bassoli, Mailand

Aus dem Italienischen von Karin Hofmann und
Bénédicte Léturgie

Fachliche Beratung
Admiral a. D. Horst-Helmut Wind

Erstausgabe: Oktober 1986

Gesetzt in Plantin von Scangraphic, Wedel,
bei Typoservice Strothoff, Rietberg
Gedruckt bei Arnoldo Mondadori, Verona

ISBN 3-926537-03-5

Inhalt

Ein englischer Kutter aus dem Jahre 1785.
Unten:
Eine der Bauphasen.

Einführung

Lange Zeit hat man mit dem Wort „Yacht-Club“ prunkvolle und dem Normalbürger unzugängliche Vereinigungen assoziiert, in denen die oberen Zehntausend in weißen Hosen und blauen Blazern sich treffen, um über Geschäfte zu sprechen oder über Boote, für die sie Millionen bezahlt haben. Früher einmal ist es tatsächlich so gewesen. Diese zahlreichen Clubs waren Hochburgen der Privilegierten und sind es zum Teil heute noch.

Mit zunehmender Bedeutung des Wassersports, vornehmlich in den westlichen Ländern, haben die Dinge sich jedoch geändert. Für ein Schwertboot zahlt man heute weniger als für einen Mittelklassewagen, und wer einem Yacht-Club beitreten möchte, hat lediglich die Qual der Wahl. Zwar kann es einem auch heute noch passieren, in einem bestimmten Club, den man sich ausgesucht hat, nicht aufgenommen zu werden, aber es gibt ja genügend andere. Für jeden Geschmack läßt sich etwas finden. Mancher Verein hat seinen Sitz in einem luxuriösen Gebäude mitten in der Großstadt, andere haben nur eine Holzhütte am Strand.

Manche Clubs sind sehr aktiv; sie organisieren Regatten und bieten Segelkurse an. Andere begnügen sich damit, ihren Mitgliedern eine Bar und einen Speiseraum zur Verfügung zu stellen, wo sie preiswert essen können. Andere wiederum sind nur noch ein Schatten ihrer selbst, und vom Glanz vergangener Tage ist nichts mehr übrig. Ihre Vereinssitze liegen in der Stadt, mit ängstlicher Sorgfalt bewahren sie alte Fotos, Flaggen und Pokale wie wertvolle Reliquien auf. Es gibt aber auch neugegründete Clubs, die ihren Mitgliedern ein reizvoll gestaltetes Clubgelände mit Swimmingpool und clubeigenen Piers bieten.

Es war nicht ganz leicht, eine Auswahl von Yacht-Clubs für den vorliegenden Band zu treffen, und sicherlich wird der eine oder andere Leser unsere Entscheidung nicht akzeptieren. Unsere Auswahlkriterien waren relativ einfach. Die Vereine sollten nicht zu „jung“ sein, eine interessante Vereinsgeschichte haben, sich aktiv an allem beteiligen, was den heutigen Segelsport angeht, und sie sollten eine angemessene Clubanlage besitzen.

Von einigen Ausnahmen abgesehen, haben wir nur einen Yacht-Club pro Land behandelt, im allgemeinen den ältesten oder aber denjenigen, der national für den Segelsport von größter Bedeutung war und heute noch ist.

Mancher Leser wird sich fragen, warum er den Cork Water Club nicht vorfindet, der 1720 in Irland gegründet wurde und somit der älteste Segelclub der Welt ist. Dieser Club, der von einigen Marineoffizieren und in Irland lebenden englischen Grundbesitzern gegründet worden war, gab gesellschaftlichen Veranstaltungen gegenüber den wassersportlichen Aktivitäten den Vorzug. Die Mitglieder waren zwar Yachtbesitzer, benutzten ihre Boote aber fast ausschließlich zu Repräsentationszwecken. Wenn sie überhaupt auf See hinausfuhren, dann nur, um unter dem Befehl eines Kommodore unter wehenden Flaggen und Kanonensalven an Marineübungen teilzunehmen. Der Club war bis Mitte des 18. Jahrhunderts aktiv. Danach hörte man immer weniger von ihm, und er verlor an Bedeutung.

Kenner der Segelsportgeschichte sind sich darüber einig, daß der heutige Royal Cork Yacht Club nicht der direkte Nachfolger des Cork Water Club ist, sondern im Jahre 1828 entstand, als eine Gruppe von passionierten Seglern und ehemaligen Mitgliedern des Cork Water Club sich entschloß, einen neuen Verein zu gründen.

Die Geschichte der Yacht-Clubs ist eng verbunden mit der Geschichte des Yachtsegelns, die „offiziell" im Jahre 1660 in Holland begann. Zwar gab es auch schon in der Vergangenheit Privatschiffe, die einzig und allein dem Vergnügen ihrer Besitzer dienten. Sie gehörten jedoch Staatsoberhäuptern, wie etwa die Galeere der Kleopatra oder die *Blanche Nef* des englischen Königs Henry II. Dies waren aber Einzelfälle und, wie wir schon erwähnten, war es in Holland, wo der Segelsport in seiner heutigen Form seinen Anfang nahm.

Schon im 14. Jahrhundert bauten die Holländer für den Transport von Personen und Nachrichten kleine, schnelle Segelschiffe. Diese waren auch geeignet, Schmuggler und Seeräuber zu verfolgen oder zu jagen. Deswegen nannten sie diese Boote *jaght*, das bedeutet etwa „Jageschiff". Die *jaghts* hatten keinen Kiel, dafür aber Seitenschwerter. Es waren die ersten Boote, die in der Lage waren, hart am Wind zu segeln, auch wenn sie dabei an Schnelligkeit einbüßten. Noch heute werden diese Segler wie vor 400 Jahren gebaut.

In Holland, einem der ersten Länder Europas mit einer reichen kaufmännischen Oberschicht, ließen sich bald auch wohlhabende Reeder Privatschiffe bauen, die den oben beschriebenen ähnlich waren. Vermutlich begünstigten auch die vielen großen Binnengewässer, auf denen ständig eine Brise weht und selten Seegang herrscht, die Entstehung des Yachtsegelns in Holland.

Im Jahre 1660 segelte Charles II., nachdem er während seines Exils in Breda/Holland zum König von England ausgerufen worden war, auf einer solchen holländischen *jaght* in seine Heimat zurück. Seine *jaght* oder Yacht, wie die Engländer sie nannten, hieß *Mary* und war dem König von Van Vlooswyck, dem Bürgermeister von Amsterdam, aus Anlaß seiner Rückkehr auf dem Thron zum Geschenk gemacht worden. In England war das neue Schiff eine Sensation, und unter denjenigen, die es sich leisten konnten, setzte sich der Gedanke durch, daß das Segeln durchaus dem Vergnügen dienen könnte und nicht unbedingt ein Zwang sein müßte, dem die bedauernswerten Berufsseeleute ausgesetzt waren.

Die Zahl der Anhänger dieses neuen Vergnügens stieg ständig, und es geschah, was immer geschieht, wenn mehr als drei Engländer sich regelmäßig treffen: man gründete einen Club. Der Cork Water Club wurde bereits erwähnt. Der erste Yacht-Club mit einer bis heute lückenlosen Geschichte ist jedoch der Royal Thames Yacht Club, der im Jahre 1775 auf Initiative einiger Gentlemen entstand, die bei Smith's Tea in Vauxhall Gardens ein- und ausgingen.

Seither war die Entwicklung nicht mehr aufzuhalten. Nach dem Vorbild Englands wurden immer mehr Yacht-Clubs gegründet, zunächst in den Kolonien, dann auch in anderen Ländern. Die ersten Mitglieder waren Adlige oder Millionäre, die um so lieber aufgenommen wurden, wenn sie beides zugleich waren. Die meisten setzten ihre Yachten eher wie Rennpferde ein, als daß sie sie für das angenehme Vergnügen des Segelns nutzten. Bei Regatten wurde die Zusammensetzung der Mannschaft nicht dem Zufall überlassen; sie bestand aus Berufsseeleuten unter Führung eines Kapitäns, denn es galt als unschicklich, daß der Eigner selbst mitsegelte. Und außerdem wurde bei den Regatten hoch gewettet.

Der Sieger erhielt nicht den heute üblichen Silberpokal (der in unseren Tagen meist auch nur versilbert ist), sondern einen Beutel voll klingender Goldmünzen. Einen solchen Beutel wollte die Mannschaft des Schoners *America* gewinnen, als sie 1851 unter dem Stander des erst sieben Jahre zuvor gegründeten New York Yacht Club den Atlantik überquerte. In dieser ersten internationalen Wettfahrt ging es um den berühmten America-Pokal, ein Yachtrennen, das noch heute ausgetragen wird.

Im Laufe der Zeit änderten sich die Dinge, und die Yacht-Clubs begannen, in der Entwicklung des Segelsports eine bedeutende Rolle zu spielen. In England kam es gelegentlich vor, daß bestimmte Clubs als zur Marine gehörig betrachtet wurden, weil viele ihrer Mitglieder den Bau besonders schneller Segel- oder Motoryachten finanzierten, die dann der Royal Navy überlassen wurden. Die erfolgreiche Evakuierung Dünkirchens im Mai 1940 ist zu einem großen Teil dem Einsatz der Yachten vieler Mitglieder der ruhmreichen britischen Yacht-Clubs zu verdanken.

Yacht des Cork Water Club, des ersten Yachtclubs der Geschichte.

THAMES 1796

R.T.Y.C.

Royal Thames Yacht Club

Dyonisyan Henry Frederick, Herzog von Cumberland, war trotz seines Titels und seiner adeligen Abstammung — er war der jüngere Bruder von König George III. — eine Persönlichkeit, die sich nicht in den offiziellen Rahmen fügte. Mit 25 Jahren bot er den Anlaß zu einer skandalösen Scheidung und verliebte sich kurz darauf bis über beide Ohren in eine junge Witwe, die einen nicht eben untadeligen Ruf besaß. Er heiratete sie, obwohl die Königliche Familie sich dagegen auflehnte. Als er nach fünf Jahren Exil in seine Heimat zurückkehrte, lernte er eine Gruppe von Kaufleuten bei Smith's Tea in Vauxhall Gardens kennen, die ihre gemeinsame Vorliebe für das Segeln und zweifellos auch für das Wetten bei den Regatten miteinander verband. Der Herzog bot ihnen an, die Schirmherrschaft über ihren kleinen Club zu übernehmen. Man schrieb damals das Jahr 1775. Der Ausdruck *regatta,* der in Venedig Wettfahrten von Gondolieren bezeichnete, hatte sich soeben auch in anderen europäischen Hafenstädten eingebürgert.

Der Vorschlag des Herzogs war schon überraschend genug, schließlich war er kein unbeschriebenes Blatt. Noch erstaunlicher aber war, daß die Kaufleute ihn auch noch akzeptierten. Allerdings war es das erste Mal, daß ein Mitglied des Königshauses einem Yacht-Club seine Schirmherrschaft anbot, und sie werden sich gesagt haben, daß ein Herzog, auch wenn er in Ungnade gefallen war, immerhin besser als nichts sei. Am 23. Juni 1775 war es soweit. Die Cumberland Sailing Society, die noch oft ihren Namen änderte, bevor sie sich endgültig Royal Thames Yacht Club nannte, veranstaltete ihre erste Regatta, der noch viele folgen sollten. Mit Trommelwirbel und 21 Salutschüssen wurde die Flotte der Teilnehmer begrüßt.

Der Royal Thames Yacht Club war nicht nur der erste englische Yacht-Club und der erste Club, dessen Schirmherr Mitglied der Königsfamilie war, sondern er veranstaltete auch als erster eine Regatta eigens für seine Mitglieder. Auch das erste offene Rennen im Jahre 1781 wurde von ihm organisiert; dies war ein Meilenstein in der Geschichte des Segelsports.

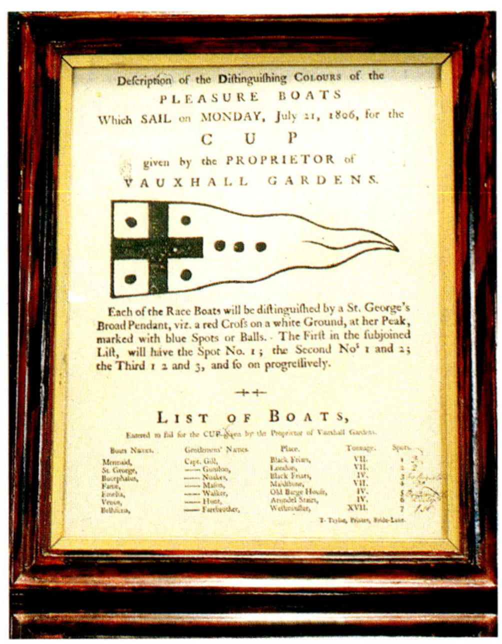

Die Clubflagge, daneben die Ankündigung einer Regatta aus dem Jahre 1806. Rechte Seite: Rechts ein Blick in das Restaurant, an der Wand Schiffsporträts der Gemäldesammlung, unten der Konferenzsaal, in dem an die hundert Modelle ausgestellt sind.

17

Als Preis war ein Silberpokal im Wert von 50 Guineen ausgesetzt, um den die Teilnehmer mit den Mitgliedern der Cumberland Sailing Society kämpften, die „. . . mit Genehmigung seiner Königlichen Hoheit alle Yachtbesitzer auf britischem Boden zur Teilnahme einladen konnten."

Viele Jahre hindurch waren die Regatten auf der Themse in London Hauptbeschäftigung der Cumberland Fleet, wie der unter der Schirmherrschaft des Herzogs stehende Club auch genannt wurde. Die Boote bei diesen Regatten auf der Themse waren klein und als Kutter getakelt. Die Schiffseigner selbst mußten das Ruder übernehmen und häufig, je nach Regelung, mit zwei Begleitern auskommen. Einer der eifrigsten Regattasegler war Thomas Taylor, zweiter Kommodore der Cumberland Fleet. Mehr als 20 Jahre lang war er die tragende Säule des Clubs. Sein erstes Boot, die *King's Fisher*, war nur 6 Meter lang und etwas mehr als 2 Meter breit. Später besaß er noch vier weitere Boote von mehr oder weniger der gleichen Größe, die er alle *Cumberland* nannte. Sie alle waren mit einem klassischen, ziemlich langen Bugspriet ausgerüstet. Die vierte *Cumberland* war mit ihren drei beweglichen Schwertern, einer technischen Neuheit aus Amerika, ausgerüstet.

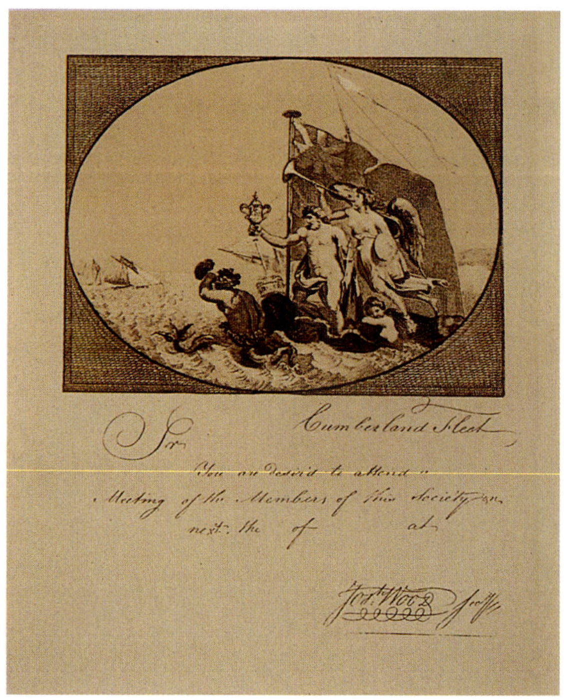

Sir

Cumberland Fleet

You are Desired to attend a
Meeting of the Members of this Society on
next, the of at

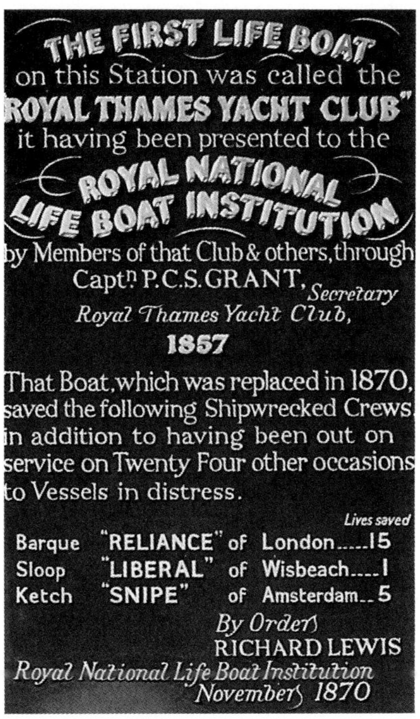

Oben: Die Fassade des Clubhauses mit Blick auf den Hyde Park. Links: Zwei Plakate, die gegen Ende des vergangenen Jahrhunderts wassersportliche Veranstaltungen ankündigten.
Linke Seite, links: Die breite Clubkrawatte wird um den Hals gebunden und der erste Knopf des Hemdkragens offengelassen.
Rechts: Eine der ersten Einladungen zu einer Regatta.
Folgende Doppelseite: Der Speiseraum.

MEMBERS ONLY

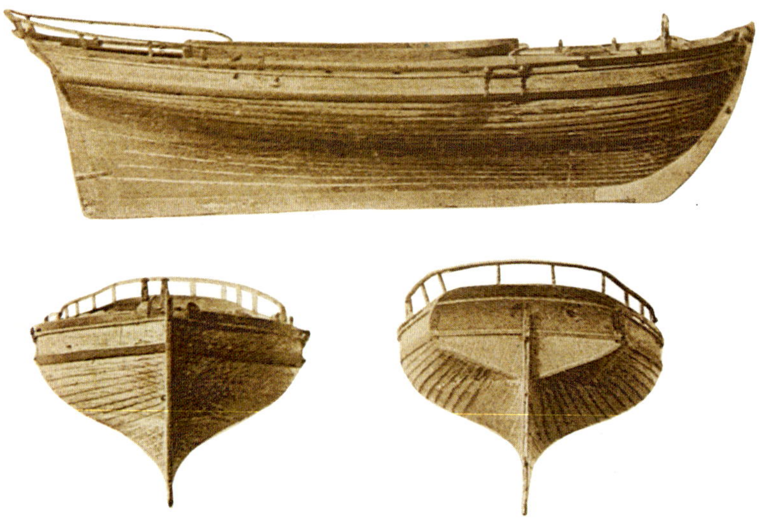

Oben: Die Yacht von Thomas Taylor, des zweiten Kommodore der Cumberland Fleet, sowie Zeichnungen des Rumpfes. Rechts: Der Herzog von Cumberland, unter dessen Schirmherrschaft der Club stand, aus dem später der R.T.Y.C. hervorging. Rechte Seite: Das Interieur des Clubs bei seiner Eröffnung.

Das Clubleben der Cumberland Fleet beschränkte sich jedoch nicht auf Regatten. In den Vauxhall Gardens fanden zahlreiche Festlichkeiten statt, begleitet von Orchestermusik unter flatternden Fahnen und den Blicken einer neugierigen Zuschauermenge. Da nur zwei oder drei Regatten pro Saison veranstaltet wurden und die Themseufer vor der industriellen Revolution ein beliebtes Ausflugsziel boten, fanden auch Vergnügungsfahrten immer mehr Anhänger.

Offiziell stand der Herzog von Cumberland dem Club bis 1790 vor, zu diesem Zeitpunkt hatte er sich jedoch schon seit einigen Jahren vom aktiven Clubleben zurückgezogen. Während eines Diners in der Ship Tavern im Jahre 1783, das anläßlich der Krönung des Königs George IV. gegeben wurde, erhielt die Cumberland Fleet einen neuen Namen und hieß von da an „Coronation Sailing Society"; sie existierte nur kurze Zeit, denn während der ersten Regatta der Coronation kam es zu einem Protest. Man unterstellte dem Sieger, sein Boot mit Hilfe eines seiner Besatzungsmitglieder gesteuert zu haben, was jedoch die Regeln ausdrücklich verboten. Eine Gruppe von Mitgliedern, die allem Anschein nach parteiisch waren, gab sich mit der unklaren Entscheidung der Jury nicht zufrieden und distanzierte sich vom Club. Am 14. August stimmte die Mehrheit der früheren Mitglieder in der White Horse Tavern der Gründung des Thames Yacht Club zu.

Der Thames Yacht Club fand sogleich starken Zuspruch. In weniger als einem Monat richtete er seine erste Regatta aus. Sieger war die *Spitfire* des Kapitäns Bettsworth, der erst kurz zuvor durch seinen Protest die Gründung des neuen Clubs ausgelöst hatte. Der Zusatz „Royal" wurde 1831 angefügt, als König William IV. die Schirmherrschaft übernahm. Auch später hatten stets Mitglieder der Königlichen Familie dieses Amt inne, von Königin Victoria bis zu Eduard VII.,

Prinz von Wales, und dem Herzog von Windsor. Heute wird die Aufgabe selbstverständlich von Prinz Charles wahrgenommen.

Gegen Ende des 18. Jahrhunderts hatte der Verein so starken Zulauf, daß man nicht mehr in der Lage war, alle Mitglieder gleichzeitig im Club zu versammeln. Man mußte Räumlichkeiten finden, in denen an die tausend Mitglieder Platz hatten.

Zunächst zog der Club nach St. James, wechselte dann in die Albemarle Street, blieb dort 50 Jahre lang und bezog 1923 ein Haus in Knightsbridge in der Nähe des Hyde Park, wo er auch heute noch residiert. In den Räumen des Clubs ist eine einzigartige Sammlung von Gemälden, Schiffporträts, Photographien, Schiffsmodellen und Porträts berühmter Segler zu bewundern. Unter ihnen befindet sich das Porträt von Lord Alfred Paget, der seit 1846 Vereinsmitglied war und über ein halbes Jahrhundert lang unter großem persönlichem Einsatz zum Erfolg des Clubs beigetragen hat. Neben ihm ist sein Sohn Almeric abgebildet, der seit 1923 Kommodore war. Lord Paget war nicht nur aktives Clubmitglied, sondern auch ein echter Sportsmann. Bis heute hält er einen Rekord, der wahrscheinlich niemals geschlagen wird: Im Laufe seines Lebens ließ er sich mehr als 40 Schiffe bauen. Das erste war der Kutter *Mistery*, das zweite der 100-Tonnen-Schoner *Rosalind*, danach besaß er zahlreiche Motoryachten, die er alle *Violet* taufte. Die letzte *Violet* maß 185 Tonnen.

Die schönsten Yachten jener Epoche — es war das Goldene Zeitalter der Segelyachten — und selbst die *Britannia* König Eduards VII. führten den Stander des Clubs. Seit dem Zweiten Weltkrieg hat der Club unzählige segelsportliche Erfolge errungen. Daher ist es kein Zufall, daß sich der Internationale Seglerverband (International Yacht Racing Union), dem nationale Verbände aus 71 Ländern angehören, in seinen Räumen niederließ.

Seit 1870 versucht der Royal Thames Yacht Club, den berühmten und begehrten America-Pokal zu gewinnen. Damals war es das erste Mal, daß er eine Yacht als Herausforderer in den Cup schickte. Die Yacht, die 1987 in den australischen Gewässern den Pokal herausforderte, hieß *Crusader*.

Takelung der Cambria, *die als erstes Boot des Clubs als Herausforderer in den America-Pokal von 1870 ging und von der amerikanischen* Magic *geschlagen wurde. Nebenstehend: Die neueste* Crusader, *die für die Cup-Herausforderung in den australischen Gewässern 1987 gebaut wurde.*

12
21

R.Y.S.

Royal Yacht Squadron

BLOODHOUND.
PANTOMIME.
R.Y. SQUADRON CASTLE.
CETONIA.
EGERIA.

Wenn Cowes das Mekka der Segler ist, dann kann man das Clubhaus des R.Y.S. mit der großen Moschee vergleichen. Jeder Segler kennt die besondere Architektur des Clubsitzes, der sich mit seinen Erkern, Zinnen und seinen vielen kleinen Kupferkanonen wie ein Schloß ausnimmt.

Startpunkt und Ziellinie der Regatten während der Cowes Week und beim Admiral's Cup befinden sich vor der Kaimauer des Clubs. An manchen Tagen kann man alle fünf Minuten den Start einer Klasse von Yachten miterleben. Der Startschuß wird aus einer Kanone abgegeben, und Pfadfinder in Uniform der Royal Navy hissen unter dem Kommando eines ehemaligen Marine-Unteroffiziers die Flagge. Vornehme Herren mit Blazern und Schirmmützen beobachten die Konkurrenten durch das Fernglas und jubeln den Seglern zu, die die Ziellinie passieren. Wie bei einer Seeschlacht geben rauhe Stimmen gellende Befehle, während der Pulverdampf in die Nase steigt. Die meisten Regattateilnehmer kennen das Gebäude des R.Y.S. nur von außen oder hatten nur ab und zu, etwa bei einem der seltenen Empfänge, Gelegenheit, es eingehend zu besichtigen. Im Jahre 1899 schreibt Graf Camille de Renesse, der sich mit seiner Yacht *Intrepid* in England aufhielt, an einen Freund: „Der R.Y.S. in Cowes ist der exklusivste, aristokratischste und anspruchsvollste Club Englands, wenn nicht gar der ganzen Welt. Nur ausgewählte Persönlichkeiten werden in seinen Kreis aufgenommen."

Dieser Eindruck trifft, von einigen Nuancen abgesehen, heute noch zu. Von allen Yacht-Clubs der Welt ist der Royal Yacht Squadron wohl der Club, der unter seinen Mitgliedern die meisten gekrönten Häupter zählt. Lange Zeit war er eine Hochburg der Aristokraten und Privilegierten. In den Anfängen seines Bestehens mußte jeder, der Mitglied werden wollte, eine Yacht von mindestens zehn Tonnen besitzen. Diese Anforderung wurde 1818 auf 20 Tonnen erhöht, sieben Jahre

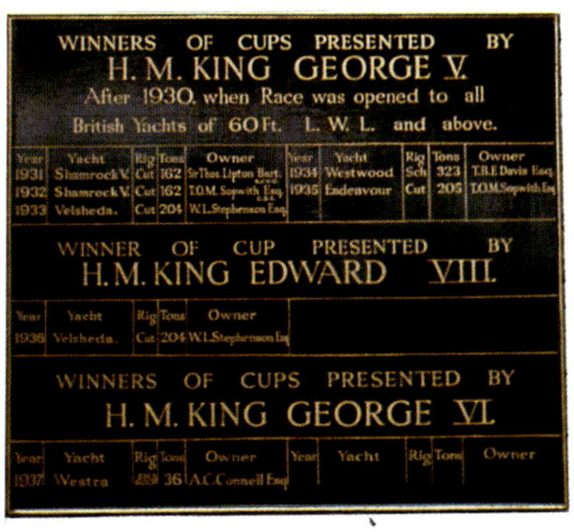

WINNERS OF CUPS PRESENTED BY
H. M. KING GEORGE V.
After 1930. when Race was opened to all
British Yachts of 60 Ft. L. W. L. and above.

Year	Yacht	Rig	Tons	Owner	Year	Yacht	Rig	Tons	Owner
1931	Shamrock V.	Cut	162	Sir Thos. Lipton Bart.	1934	Westwood	Sch	323	T.B.F. Davis Esq.
1932	Shamrock V.	Cut	162	T.O.M. Sopwith Esq.	1935	Endeavour	Cut	205	T.O.M. Sopwith Esq.
1933	Velsheda.	Cut	204	W.L. Stephenson Esq.					

WINNER OF CUP PRESENTED BY
H. M. KING EDWARD VIII.

Year	Yacht	Rig	Tons	Owner
1936	Velsheda.	Cut	204	W.L. Stephenson Esq.

WINNERS OF CUPS PRESENTED BY
H. M. KING GEORGE VI.

Year	Yacht	Rig	Tons	Owner	Year	Yacht	Rig	Tons	Owner
1937	Westra	[illegible]	36	A.C. Connell Esq.					

Oben: Eine Seite aus dem Goldenen Buch des Clubs.
Rechts: William IV., Schirmherr des Clubs; mit seiner Genehmigung durfte der Yacht Squadron seinem Namen den Zusatz „Royal" geben.
Linke Seite: Ein Druck vom Schloß von Cowes, dem Clubsitz des Royal Yacht Squadron.

später sogar auf 30 Tonnen. Es kam recht häufig vor, daß jemand, der in den Club aufgenommen werden wollte, sich eine Yacht mit der erforderlichen Tonnage zulegte, um sie wieder zu verkaufen, sobald er aufgenommen war. Auf diese Weise konnte er diese Beschränkung umgehen.

Der Club hat stets auf Etikette und äußere Erscheinung großen Wert gelegt. Beispielsweise mußte jeder, ob Mitglied oder Gast, beim Segeln braune Schuhe tragen, und es gab kein größeres Vergehen, als in schwarzem oder weißem Schuhwerk zu erscheinen. In einem der Clubräume hängt ein Gemälde von Dickinson und Foster aus dem Jahre 1895, das den deutschen Kaiser Wilhelm II. in einem Kreis von damaligen Mitgliedern darstellt. Tatsächlich mokieren sich noch heute immer wieder Mitglieder des Clubs über den Kaiser, weil er auf dem Gemälde eine weiße Schirmmütze trägt, während der Club Blau vorschreibt.

Nun soll aber nicht der Eindruck entstehen, der Club sei nur ein Kreis von vornehmen Aristokraten und reichen Leuten. Zwar soll Lord Cardigan, der Erfinder der berühmten Wolljacke und seit 1851 Clubmitglied, einmal seinem Schiffsführer auf die Frage, ob er nicht das Ruder übernehmen wolle, höchst snobistisch geantwortet haben: „Danke, zwischen den Mahlzeiten nehme ich nichts zu mir.“ Seit der Gründung des Clubs im Jahre 1815 aber haben viele der Mitglieder in herausragender Weise zur Entwicklung des Yachtbaus und des Segelsports sowie zu Forschungsreisen und in manchen Fällen sogar zur Verteidigung ihres Landes beigetragen.

Die Mannschaft der Endeavour *im Jahre 1934.*
Rechte Seite: Das Steuer der alten königlichen Yacht Victoria and Albert. *Heute ist es im Großen Saal des Clubs zu bewundern.*
Folgende Doppelseite: Die Valkyrie III *von Lord Dunraven.*

Der Royal Yacht Squadron hat sich immer als eine Art Hilfsflotte der Royal Navy betrachtet. Seine Mitglieder sahen es als ihre Pflicht an, die Entwicklung der britischen Kriegsmarine auf die eine oder andere Art zu unterstützen. Tatsächlich erwarb die Royal Navy häufig Regattayachten von Clubmitgliedern, denn sie waren den Kriegsschiffen an Schnelligkeit überlegen.

In beiden Weltkriegen wurden zahlreiche Segelyachten von Clubmitgliedern eingezogen und unter dem Kommando ihrer Eigner eingesetzt. Es gibt viele Geschichten über Clubmitglieder, die auf diese Weise am Krieg teilgenommen haben. So sollen sie von ihren Yachten aus Torpedos auf feindliche U-Boote mit der gleichen Selbstverständlichkeit abgeschossen haben, wie sie bei Regatten den Befehl zum Lösen der Reffs gegeben haben. Andere landeten in einem der Sultanate im Fernen Osten und wurden dort Minister und wieder andere wurden auf einer der Inseln des Pazifiks von Eingeborenen getötet, als sie an Land gingen.

Aufgrund der Rolle, die der Club im Krieg spielte, gilt es als selbstverständlich, daß seine Mitglieder das Recht haben, die Flagge der Royal Navy mit rotem Kreuz auf weißem Grund zu führen. Der Squadron ist der einzige Club der Welt, dem dieses Privileg zugestanden wird. In Wirklichkeit ist diese Geschichte allerdings etwas komplizierter. Die Royal Navy benutzte früher unterschiedslos rote, blaue oder hellblaue Flaggen mit dem Union Jack als Gösch. Der Admiral ließ auf seinem Schiff jedoch stets nur die rote Flagge setzen, und dies war der Grund dafür, daß die Mitglieder des Squadron sie bevorzugten. Da aber auch die britische Handelsmarine unter roter Flagge fuhr, mußten Yachten, die in ausländischen Häfen festmachten, Zollgebühren bezahlen. Deshalb bemühte sich der Club 1829 um die Genehmigung, eine weiße Flagge führen zu dürfen. Sie wurde ihm und auch einigen anderen wassersportlichen Vereinigungen gegeben, doch die neue Flagge

Der Leseraum und rechts eine zeitgenössische Photographie des Großen Saals.
Rechte Seite: Zwei Bilder aus der kostbaren Gemäldesammlung.
Oben ein Werk von Turner, unten eines von Dufy.

erfreute sich keiner allzu großen Beliebtheit. Als die Admiralität 1842, darauf bedacht, Verwechslungen zu vermeiden, das Recht auf die weiße Flagge auf den Royal Yacht Squadron beschränkte, hatte niemand etwas einzuwenden. Erst in neuerer Zeit gilt die *White Ensign* als ein Privileg, das entschlossen verteidigt wird und nur wenigen britischen Staatsbürgern vorbehalten ist. Von daher versteht sich, daß der Club sowohl an seine Mitglieder als auch an diejenigen, die sich um einen Beitritt bemühten, stets äußerst hohe Ansprüche gestellt hat. Thomas Assheton-Smith etwa, von Napoleon als „Premier Chasseur d'Angleterre" bezeichnet, wurde aus dem Club ausgeschlossen, weil er eine Motoryacht erworben hatte, was verpönt war, bis die Königin 1843 höchstpersönlich mit ihrer *Victoria and Albert* mit gutem Beispiel voranging. Die Kandidaten konnten nur durch die Abstimmung der oft parteiischen und unnachgiebigen Mitglieder aufgenommen werden. So wurde Lord Louis Mountbatten zweimal abgelehnt. Ihm wurde vorgeworfen, daß seine Frau einen Skandal ausgelöst hatte, als sie auf einer Reise in die Vereinigten Staaten mit Fred Astaire Charleston tanzte. Er wurde später ehrenhalber aufgenommen, als er während des Zweiten Weltkrieges als Held gefeiert wurde.

„Diese verdammten Frauen haben aber auch wirklich keinen Respekt vor dem Squadron!" Dies war der Kommentar eines Clubmitglieds anno 1907, als er erfuhr, daß Lady Cardigan soeben auf dem Rasen des Clubs verstorben war. Wen wundert es bei solcher Einstellung, daß die Frauen lange Zeit keinen Zugang zum Club hatten? Erst 1928 gab es im Club einen Umkleideraum für Damen, und weitere 40 Jahre mußten vergehen, bevor sie 1969 Mitglieder werden konnten.

Ein typisches Bild auf dem Solent vor Cowes:
Boote der verschiedensten Klassen vor dem Clubsitz
des Royal Yacht Squadron.
Rechte Seite: Luftaufnahme von der herrlichen Clubanlage.

K.S.S.S.

Kungl Svenska Segel Sällskapet

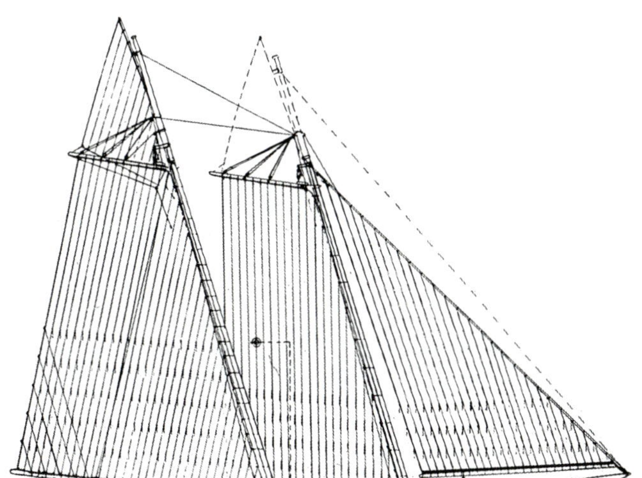

K.S.S.S.

Während der internationalen Regatten der 6-m-Yachten im Jahre 1926 in Genua konnte die *Maybe* dank einer besonderen Takelage allen ihren Konkurrenten davonsegeln. Sie hatte ein den Großmast weit überlappendes Vorsegel, das die Schnelligkeit des Schiffes erheblich erhöhte. Dieses Segel wurde nach dem Ort, wo es zum ersten Mal erprobt wurde, „Genuafock" (abgekürzt „Genua") genannt und war eine Erfindung von Sven Salen, dem Eigner und Steuermann der *Maybe.*

Sven Salen gehörte zur größten Reederfamilie Schwedens. Er war Champion der 6er-Klasse und gewann vor dem Krieg zweimal den damaligen Eintonner-Cup. Er war eines der aktivsten Mitglieder des Kungl Svenska Segel Sällskapet in Stockholm. Der jetzige Präsident des Clubs, Sven Salen, ist sein Sohn.

Der K.S.S.S. wurde anno 1830 von passionierten Seglern gegründet und ist nach dem Royal Thames und dem Royal Yacht Squadron der drittälteste Yacht-Club überhaupt. Dies ist erstaunlich, wenn man bedenkt, daß die Segelsaison in Schweden sehr viel kürzer ist als in Ländern südlicherer Breitengrade. Die Schweden können nur von Mai bis September die Segelfreuden genießen. Während der Wintermonate kann man die Insel Sandhamn, Sommersitz des Clubs, oft nur zu Fuß über das Eis erreichen. Es ist bezeichnend für die ungünstigen klimatischen Verhältnisse in Schweden, daß sich die Mitglieder in den ersten Jahren nach der Gründung des Clubs im Winter in einem Gebäude trafen, das ausschließlich von einem Schlittschuhverein genutzt wurde.

Seit seiner Gründung ist der Club bei allen internationalen Regatten stark vertreten gewesen. 1852 finanzierten einige seiner Mitglieder den Nachbau der Schoner-Yacht *America.* Der Yachtkonstrukteur Johan Frederick Andersen war vom Sieg der Amerikaner über die Engländer bei der denkwürdigen Regatta um die Insel Wight derart beeindruckt, daß er beschloß, eine verbesserte Version des amerikanischen Schoners zu bauen.

Die *Sverige,* wie das neue Schiff getauft wurde, stellte sich in einem Match-Race der *America,* die inzwischen Lord de Blaquière gehörte, aber sie wurde geschlagen. Trotz dieses Mißerfolges haben sich die K.S.S.S.-Mitglieder seitdem regelmäßig an den berühmtesten Wettbewerben sämtlicher Klassen beteiligt und

Der Clubsitz des K.S.S.S. auf der Insel Sandhamn im Jahre 1890.
Linke Seite: Das Clubhaus, gebaut aus Tannenholz, aus einem anderen Blickwinkel.
Vorhergehende Seite: Der Schoner Sverige *wurde 1930 für den America's Cup entworfen, der aber in jenem Jahr nicht ausgetragen wurde.*

Der heutige Sitz des K.S.S.S.; dem ursprünglichen Bau wurden zwei Seitenflügel und eine Pier angefügt, die für die Mitglieder reserviert ist.

glänzende Resultate erzielt, so zum Beispiel die Brüder Sundelin, die bei den Olympischen Spielen in Acapulco im Jahre 1968 in der 5,5-Meter-Klasse die Goldmedaille gewannen. Sie traten damit in die Fußstapfen Peter Geddas; er hatte acht Jahre zuvor die gleiche Trophäe in der gleichen Klasse gewonnen. Nicht ohne Stolz blickt der K.S.S.S. auch auf seine beiden anderen Goldmedaillen: eine erhielt Arvid Lauren für seinen Sieg in der Starklasse bei den Olympischen Spielen 1936, die andere wurde Lars Thoern bei den Spielen in Melbourne 1956 in der 5,5-Meter-Klasse verliehen. Der Club war gleichzeitig eine berühmte Segelschule und eine der wichtigsten Adressen für zahlreiche schwedische Konstrukteure, unter ihnen Peter Norlin, dessen Karriere mit dem Sieg seiner *Scampi* beim Halbtonner-Cup 1969 begann.

Knud Reimers war ebenfalls Clubmitglied und Liebhaber der klassischen Schiffsform. Er entwarf die *Agneta,* eine herrliche Yawl mit rostfarbenen Segeln, die 1951 vom Stapel lief. Sie gehörte dem Italiener Gianni Agnelli und wurde später an Luigi Donà delle Rose verkauft.

Der Verwaltungssitz des K.S.S.S. liegt in Stockholm, sein Herz schlägt jedoch in Sandhamn, der östlichsten Insel vor Stockholm. Sandhamn, eine Art skandinavisches Portofino, liegt auf der Route in die Einfahrt zum Stockholmer Hafen. Hier wohnten seit eh und je die Lotsen, die an Bord von Schiffen gehen mußten,

Karl XVI. Gustav, König von Schweden und Clubmitglied. Rechte Seite, oben: Das Restaurant; unten ein Aufenthaltsraum im Clubhaus von Sandhamn.

die auf Reede liegen wollten. Der heutige Clubsitz wurde in der zweiten Hälfte des vergangenen Jahrhunderts erbaut. Man verwendete ein Baumaterial, das in Skandinavien Tradition hat, nämlich Tannenholz, und behandelte es mit dem typischen roten kupferhaltigen Schutzanstrich.

Gegenüber von Sandhamn, nur ein paar Segelstunden vom Festland entfernt, liegt eine kleine Insel, auf der man die Segelschule für den Nachwuchs eingerichtet hat. Eine einladende kleine Villa kann von Clubmitgliedern gemietet werden, die nach einem Törn von ein, zwei Wochen auf hoher See wieder einmal in einem richtigen Bett schlafen wollen. Kurz vor Ausbruch des Zweiten Weltkrieges kaufte ein Deutscher, der die schwedische Staatsangehörigkeit angenommen hatte, die Insel. Er hatte eine Vorliebe für Astronomie und Ballistik und sprach recht gern dem Alkohol zu. Am Heiligen Abend soll er nach jedem Glas Schnaps seinem Butler aufgetragen haben, einen Kanonenschuß abzugeben. Heute noch steht dort sein Observatorium. Jeden Sommer treffen sich Ende Juni mehr als 400 Boote aller Ostsee-Länder vor seiner Insel. Anlaß für dieses große Treffen ist die Gotland Runt, eine 500-Meilen-Regatta, die seit 1937 unter den besten Hochseeyachten ausgetragen wird.

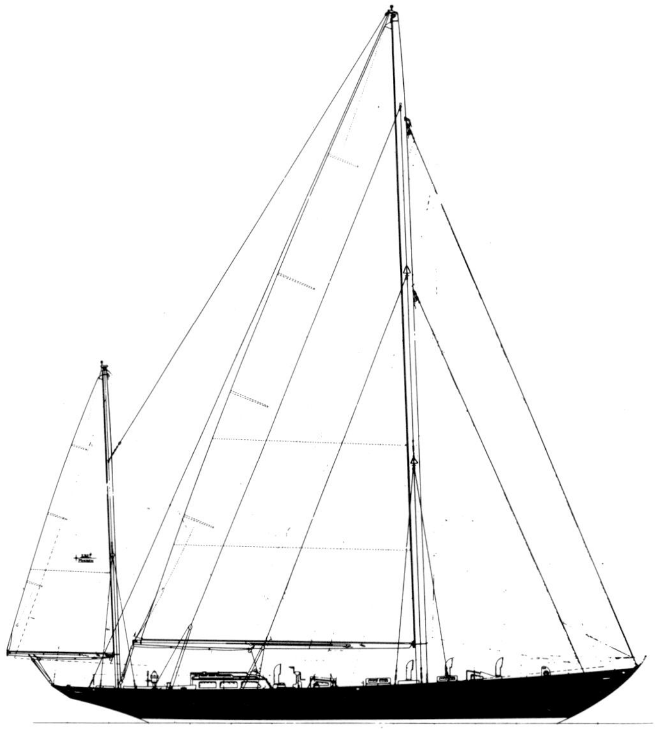

Oben: Die Takelage der Bolero, *mit der Sven Salen, rechts mit seiner Frau, die Meisterschaft des R.O.R.C. im Jahre 1957 gewann.*
Linke Seite: Zum Club gehörende Gebäude auf einer kleinen Insel nahe Sandhamn.

N.Y.Y.C.

New York Yacht Club

NEW YORK YACHT CLUB
ORGANIZED, 1844.
1865, INCORPORATED.
NOS AGIMUR TUMIDIS VELIS

N.Y.Y.C.

Der erste Yacht-Club der Vereinigten Staaten entstand an einem heißen Julitag des Jahres 1844 an Bord der *Gimcrack*, eines 16-m-Schoners. Der Eigner, John Cox Stevens, stammte aus einer angesehenen und sehr reichen Familie, die ausgedehnten Grundbesitz am Hudson River und einen prachtvollen Wohnsitz in Hoboken, Jersey, besaß. Sein Vater setzte als erster bei einem Dampfschiff den Schraubenantrieb ein, und die von ihm gebaute *Phoenix* war der erste Schaufelraddampfer, der mit diesem neuen Antrieb über offene See bis nach Philadelphia fuhr. John Cox war also schon in jungen Jahren mit Meer und Schiffen vertraut. Da er ein reicher Mann war, besaß er schon mit zwanzig Jahren eine Yacht, was zur damaligen Zeit in Amerika noch eine Seltenheit war. Die *Gimrack* war seine zweite Yacht, und es war an Bord dieser Yacht, daß er seinen Gästen den Vorschlag machte, einen Yacht-Club zu gründen, der New York Yacht Club heißen sollte.

Der Club bezog zunächst ein hübsches, kleines Holzhaus im gotischen Stil. Heute kann man dieses Haus im Mystic Seaport Museum in Connecticut besichtigen, es stand jedoch in der Nähe der Residenz der Stevens in Hoboken. Die Gründung eines solchen Clubs war bis dahin einmalig in den USA und wurde von den damals wenigen Yachtbesitzern und insbesondere von der High Society mit Begeisterung aufgenommen. Dem Kommodore Stevens wurde die Bedeutung seines Clubs jedoch erst sechs Jahre später richtig bewußt, als er eine Einladung

John Cox Stevens, erster Kommodore und Gründer des N.Y.Y.C.
Oben: Das erste Clubhaus.
Rechte Seite: Der Haupteingang des heutigen Clubsitzes im Herzen von Manhattan.
Nächste Doppelseite: Der ruhmreiche Schoner America, *der 1851 in den englischen Gewässern siegte; nach ihm wurde die begehrteste Segelsporttrophäe aller Zeiten benannt: der America's Cup.*

des Herzogs von Wilton, Kommodore der Royal Yacht Squadron, erhielt. Der Herzog wünschte anläßlich der Weltausstellung im Jahr 1851 die Beteiligung einer amerikanischen Yacht bei einer Regatta in den Gewässern von Cowes. Dies war die Geburtsstunde der Schoner-Yacht *America* und des gleichnamigen berühmten Cups, mit denen der Club sich in der Segelwelt einen Namen verschaffte. 132 Jahre lang konnte der New Yorker Club den Cup gegen die größten Herausforderer erfolgreich verteidigen. 1983 aber mußte er den Cup an den Royal Perth Yacht Club abtreten, was er der genialen Leistung eines australischen Yachtkonstrukteurs und vielleicht auch seiner Selbstüberschätzung zu verdanken hatte.

Während die Mitglieder der meisten europäischen Yacht-Clubs eher adelig als reich waren, zählte der N.Y.Y.C. Milliardäre zu seinen Mitgliedern, Männer, die ihr Vergnügen ebenso verwalteten wie ihre Geschäfte. Sein anhaltendes Gedeihen ist weitgehend Namen wie Morgan, Vanderbilt und anderen Vertretern der traditionellen New Yorker Geldaristokratie zuzuschreiben. John Pierpont Morgan etwa, der „Eisenbahnkönig" und Kommodore des Clubs, stiftete, als er 1898 feststellte, daß der Sitz in der Madison Avenue viel zu klein geworden war, kurzerhand seinem Verein neue Räumlichkeiten im Herzen Manhattans, in der 44. Straße. Zu jener Zeit gab es noch kaum städtebauliche Konzepte. Man übernahm Stilrichtungen aus aller Herren Ländern und aus allen Epochen, von der Gotik bis zum Barock und Liberty. Üblicherweise hatte der Haupteingang in der Mitte der

Der America's Cup, als er noch in dem Trophäensaal ausgestellt war.
Rechte Seite, oben: Die Bibliothek; unten: Teilansicht des Trophäensaals.

VOYAGES

7
9

Gebäudefront zu liegen, die wichtigsten Räume und der Speisesaal in der zweiten Etage. Der Architekt Whitney Warren aber, der seine Wohnung mit dem Clubmitglied Charles D. Wetmore teilte, ließ sich lieber von neuen Formen inspirieren als sich an den herkömmlichen Stil zu halten. Auch die Gentlemen, die den Entwurf der Baupläne für ein neues Clubgebäude öffentlich ausgeschrieben hatten, waren Neuheiten gegenüber aufgeschlossen. Daher entsprach Warrens Entwurf in jeder Hinsicht den Vorstellungen der Auftraggeber, während die eingereichten Vorschläge der übrigen sechs Bewerber den Klischees der Mode angepaßt waren und abgelehnt wurden. Die Architektur des Clubs sollte in jeder nur erdenklichen Weise an das Meer und an Schiffe erinnern, mit Fenstern, die den Heckaufbauten jener holländischen Segelschiffe aus dem 17. Jahrhundert ähnelten, den *jaghts*, von denen das Wort Yacht abgeleitet ist, und einem Speisesaal, dessen Einrichtung dem Interieur eines Segelschiffes aus dem 18. Jahrhundert gleichkommt.

Das Gebäude wurde 1921 nach Warrens Plänen fertiggestellt. Dieser sechsstöckige einzigartige Bau ist der ganze Stolz und zugleich Wahrzeichen des New York Yacht Club. Links vom Eingang befindet sich der Strangers Room, der lange Zeit, wie der Name schon sagt, für die Nicht-Miglieder vorgesehen war. Heute

Die Familie Stephens: Der Vater mit seinen beiden Söhnen Rod und Olin. Sie sind Clubmitglieder und gelten als die erfolgreichsten Konstrukteure von Hochseerennyachten in der Nachkriegszeit. Rechte Seite, oben: Der Trophy Room aus einem anderen Blickwinkel, unten die Clubfassade mit Fenstern, die dem Heck einer Galeone nachempfunden sind.

Ein Teil der Modellsammlung, die im Club zu bewundern ist. Im Vordergrund verschiedene Verteidiger des America-Pokals.

KA-6
US-40
Liberty

wird man in diesem Raum von einem livrierten Portier empfangen, der unerbittlich jeden abweist, der nicht auf der Liste der 2500 Mitglieder steht, es sei denn, er ist in Begleitung eines Mitglieds oder von ihm eingeladen. Von der Eingangshalle aus führt eine prunkvolle Marmortreppe in den Trophy Room, einen großen, kreisförmigen Saal von etwa acht Metern Durchmesser, der eine einmalige Sammlung beherbergt. Bis 1951 mußten bei jeder von dem Club organisierten Regatta alle Eigner dem Club ein Modell ihres Boots überlassen. So umfaßt die Sammlung mehr als tausend Rümpfe jeden Typs und jeder Größe.

Die Clubbibliothek im dritten Stock ist ein weiteres Kleinod. Außer Büchern findet man hier eine wertvolle Sammlung von Seekarten, Konstruktionsplänen und Pergamentrollen. Durch den Trophy Room gelangt man in die Bar, zu der neuerdings auch Frauen Zugang haben, eines der wenigen Anzeichen dafür, daß die strengen Bräuche des Clubs allmählich der neuen Zeit angepaßt werden. Dieses Privileg genießen selbstverständlich nur Frauen, die dem Club angehören. Sie machen nur zehn Prozent aller Mitglieder aus.

Die Möglichkeit, im Club zu logieren, stellt für die Mitglieder ein einmaliges Vorrecht dar, denn das Clubhaus ist noch pompöser als das Waldorf Astoria und bietet die ideale Atmosphäre für ein Geschäftsessen, obwohl es ausdrücklich untersagt ist, sich über Geschäfte zu unterhalten.

Was die sportlichen Aktivitäten des Clubs angeht, so erübrigen sich viele Worte. Er richtet regelmäßig die N.Y.Y.C. String Series, eine clubinterne Regatta aus. Der Verlust des America-Pokals, den der Club bis 1983 ohne Ausnahme gewonnen hatte, hat vielleicht sein internationales Prestige angeschlagen. 1851 setzte John Cox Stevens auf seiner *America* die Segel, um der Einladung des Herzogs von Wilton zu folgen. Beim Kampf um den Pokal 1987 in Australien blieb der Club mit seinem Zwölfer *America II* schon in den Vorrunden auf der Strecke.

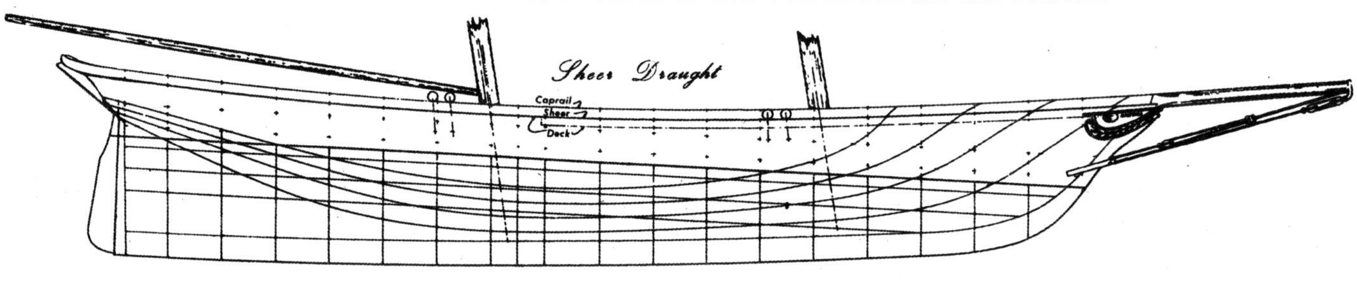

Die Konstruktionszeichnung der Schoner-Yacht America *und die berühmte Trophäe aus der Goldschmiede Garrard in London; der Wert des Pokals belief sich auf 100 Guineen.*
Linke Seite: Ein historischer Augenblick in der Clubgeschichte: 1983 wird die Liberty *von ihrem australischen Konkurrenten* Australia II *geschlagen.*

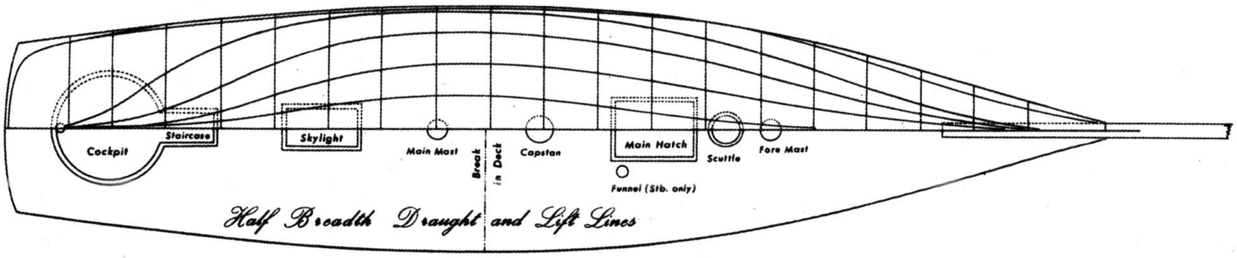

San Diego Yacht Club

1985 konnte der San Diego Yacht Club sein hundertjähriges Bestehen feiern. Sein Sitz befindet sich auf Shelter Island, einer Halbinsel im Nordwesten der San-Diego-Bucht in Kalifornien. Shelter Island ist eine vornehme Wohngegend, in der sich zahlreiche Bootshändler und bekannte Persönlichkeiten aus der Welt des Segelsports niedergelassen haben, so die Segelmacherei North, die Konstruktionsbüros Nelson/Mareck, Peterson, Reichel/Puigh und Aldo Sciomachen. Der Kommodore des Clubs trägt einen berühmten Namen: Dennis Conner. Eigentlich sollte an Stelle des America's Cup sein Kopf in der Vitrine des N.Y.Y.C. ausgestellt sein, denn die Mitglieder dieser angesehenen Vereinigung hatten keine Skrupel, demjenigen dieses Schicksal anzudrohen, der sie um den Pokal bringen würde. Ausgerechnet Conner, der professionellste und erfahrenste Skipper der Zwölfer-Yachten, verlor 1983 den Cup an Australien. 1987 gelang es ihm, ihn mit seiner neuen *Stars & Stripes* unter der Flagge seines Clubs in die USA zurückzuholen. Zunächst sollte Conner auch beim America's Cup 1987 den N.Y.Y.C. in Australien vertreten, als aber der Verein schließlich John Kolius nominierte, beschloß er, auf eigene Faust teilzunehmen, was ihm auch ohne weiteres gelang, denn Conner genießt ungeheure Popularität in den USA und wurde weltweit als Favorit unter allen Konkurrenten betrachtet. Es fiel ihm nicht ganz leicht, leichter jedoch als den übrigen Teilnehmern, die nötigen sechzehn Millionen Dollar aufzubringen, um erneut mitzusegeln. Die Summe mag dem einen oder anderen enorm erscheinen, schließlich aber war seine Unternehmung sehr erfolgreich; drei Millionen flossen allein in die Forschung. Außerdem war ein Sieg für Conner, seine Mannschaft und seinen Club eine Art Vergeltung. Im San Diego Club nämlich behauptete man, die Australier hätten 1983 den Cup nicht ehrlich gewonnen, sondern nur, weil sie an ihrer Yacht unzulässige Flügelkiele angebracht hatten, deren Einbau der N.Y.Y.C. nicht rechtzeitig verhindern konnte.

Oben: Entwurf für das Emblem des America's Cup 1987.
Links: Im Club ausgestellte Rumpfmodelle.
Rechte Seite, oben: Die Pier für die Mitglieder.
Unten: Das Clubhaus von außen betrachtet.

SAN DIEGO
YACHT CLUB
SDYC
SDYC
SDYC

Ein Schild aus Teakholz und die Portiersloge kennzeichnen den Eingang des Clubs. Ein baumbestandener Weg führt zu einem Hof, auf dem Yachten auf Bootsanhängern stehen. Gegenüber erhebt sich die faszinierende pyramidenförmige Silhouette des Clubs über dem Wasser. Sie läßt sich keiner Stilrichtung zuordnen. Über ein paar Stufen gelangt man in die Eingangshalle und in einen langen Flur, an dessen Wänden Vitrinen voller Trophäen hängen. Der Flur führt in einen Lesesaal und über eine Treppe in den Salon im ersten Stock, in das Restaurant und in die Bar. Die Wände dort schmücken zahlreiche Preise, die Dennis Conner bei seinen America's Cup-Kampagnen gewonnen hat. Die Bar ist der bestbesuchte Raum des Clubs.

Die reizvolle landschaftliche Lage und die Nähe des Shopping-Centers veranlassen viele Mitglieder, täglich im Club zu Mittag zu essen und eine kurze Pause auf ihrem Boot zu machen, bevor sie zur Arbeit zurückkehren.

Die gesamte erste Etage ist von einer Holzterrasse umgeben. Von hier aus erreicht man die Pontons, an denen nur Boote von Clubmitgliedern liegen dürfen. Dieses Privileg erhält man erst nach mindestens zweijähriger Mitgliedschaft. Auf dem Clubgelände gibt es außerdem einen luxuriösen Swimmingpool, von einer Rasenfläche umgeben, eine bestens ausgestattete Sporthalle und eine Segelschule.

Auf der Spitze der Clubpyramide, die fast ausschließlich aus Holz besteht, thront ein Aussichtsturm, der an ein Minarett erinnert. Dieser etwas bizarre, aber sehr zweckmäßige Bau ist besonders reizvoll gelegen und angemessen für einen Club, dessen günstige wirtschaftliche Verhältnisse, typisch für amerikanische Clubs, dem Sport zugute kommen, was wiederum seinem guten Ruf zuträglich ist.

Der Clubstander und Dennis Conner, Kommodore des San Diego Yacht Club und zweifellos einer der besten Skipper der Welt. Rechte Seite: Sein Boot, die Stars & Stripes, die für den America's Cup 1987 gebaut wurde und ihn wieder für die USA zurückgewann.

12
US-40
U.S.A.

St. Francis Yacht Club

Vom reizvollen Sitz des St. Francis Yacht Club, der auf einer felsigen Landzunge liegt, hat man einen einmaligen Blick über San Francisco mit der Golden Gate Bridge im Vordergrund. Der Club wurde offiziell 1927 gegründet, als er den San Francisco Yacht Club in Sausalito übernahm. Diesen Club gab es schon seit Anfang des Jahrhunderts. In den zwanziger Jahren aber suchten einige seiner Mitglieder einen näher an der Stadt gelegenen Sitz, der vor allem windgeschützter und nicht so sehr dem Schwall der vorbeifahrenden Motorboote ausgesetzt war. Sie gründeten den St. Francis Yacht Club.

Während der Weltwirtschaftskrise und der Kriegsjahre machte der Club schwere Zeiten durch. In den fünfziger Jahren jedoch begann seine steile Karriere bis an die Spitze des internationalen Yachtsports. Das Clubhaus wurde erweitert, und 1959 baute man auf Tinsley Island einen Yachthafen für die Teilnehmer der Star Cruise, die jedes Jahr vom Club veranstaltet wird. Diese Regatta ist für die Seglerwelt Kaliforniens eines der Hauptereignisse des Jahres.

1976 wurde das Clubhaus bei einem Brand schwer beschädigt und mußte vollkommen neu aufgebaut werden. Am 20. Juni 1978 wurde der neue zweistöckige Bau mit seinem berühmten orangefarbenen Dach eingeweiht. Heute zählt der Club beinahe dreitausend Mitglieder und blickt auf eine beachtliche sportliche Vergangenheit zurück, darunter die Teilnahme an den S.O.R.C.- und den I.O.R.-Regatten, den wichtigsten in den USA, an der Transpazifik-Regatta und natürlich am America's Cup, den der Club mehrmals verteidigt hat. 1983 nahm Tom Blackaller, international bekanntes Clubmitglied und Weltmeister der Star-Klasse, mit *Defender* an den Ausscheidungsrennen der amerikanischen Verteidiger teil, wurde aber sowohl von Conner wie von Kolius geschlagen. 1987 war der St. Francis Yacht Club unter den Herausforderern und wollte den Cup in die USA zurückholen, obwohl er zunächst gar nicht die Absicht gehabt hatte.

Der Clubeingang mit den wichtigsten Modellen.
Rechte Seite, oben: Ein Aufenthaltsraum mit Blick auf die berühmte Golden Gate Bridge.
Unten: Die berühmte Brücke in San Francisco.

Das Konsortium der Sponsoren des Cups hatte monatelang den Briefkopf des Clubs benutzt, ohne daß irgendeine Verbindung mit dem Club sie dazu ermächtigt hatte. Offiziell kümmerte sich der St. Francis Yacht Club nicht um diese Angelegenheit und alle die, die auf Grund seiner ruhmreichen Vergangenheit und insbesondere seiner Vielzahl von Mitgliedern aus der gesellschaftlichen und wirtschaftlichen Elite San Franciscos eine finanzielle Unterstützung für den Cup erwartet hatten, wurden zunächst enttäuscht. Schließlich aber gab der Vorstand des St. Francis Yacht Club seinen Segen, als er die Gewißheit hatte, daß seine Mittel ausreichten, einen Herausforderer nach Fremantle zu schicken.

Tom Blackaller übernahm die Verantwortung für diese schwierige Aufgabe. Als Skipper der neuen Zwölfer-Yacht *USA* nahm er unter der Flagge des S.F.Y.C. am Cup teil. Die Antipathie zwischen den beiden Konkurrenten Conner und Blackaller ist bekannt. Blackaller mißfällt das Profihafte an seinem Rivalen, der sich durch harte Arbeit und Selbstdisziplin hochgearbeitet hat. Blackaller hingegen, der unter seinen Freunden als „sehr impulsiv" gilt, ist zwar spontan und vital, aber begabt und bekannt für seine starke Persönlichkeit. Obwohl er Bier und schöne Frauen den anstrengenden Trainingsstunden vorzog, hatte er große Chancen, beim Cup zu gewinnen. Unter all den Mannschaften, die sich auf den Cup 1987 vorbereiteten, war die Crew des St. Francis Clubs, in dem sich Tradition, nach außen getragener Reichtum und Nonkonformismus mischen, mit Sicherheit die vielseitigste.

Die *USA*, eine der radikalsten Neukonstruktionen in Fremantle, gehörte zu den besten vier Herausforderinnen. Sie wurde von Dennis Conner in harten Kämpfen in den Vorrunden geschlagen. Wenn der San Diego Yacht Club 1990 den nächsten Austragungsort bestimmt, wird der St. Francis Yacht Club aller Erwartung nach seine Chance erneut wahrnehmen.

Tom Blackaller, das bekannteste Clubmitglied.
Oben: Einige der zahlreichen Trophäen des S.F.Y.C.
Rechte Seite: Die Herausforderin des America's Cup 1987 kehrt vom Training zurück.

K.R.&Z.V.

Koninklijke Roei-en Zeilvereeniging "De Maas"

K.R. & Z.V.

Berühmtester und angesehenster Yacht-Club Hollands ist sicherlich die Koninklijke Roei- en Zeilvereeniging „De Maas“ in Rotterdam. Durch die großen Fenster des Clubsitzes blickt man auf den Fluß, der dem Club seinen Namen gegeben hat.

Obwohl er bereits 1851 gegründet wurde, ist er nicht der älteste Yacht-Club der Niederlande. Dieses Privileg gebührt der Koninklijke Nederlandsche Zeil- en Roeivereeniging, die 1847 von fünfzig Amsterdamer Seglern gegründet wurde. Sie alle hatten eine Vorliebe für die traditionellen holländischen Segelboote.

Die K.R. & Z.V. in Rotterdam, obwohl nicht die älteste Seglervereinigung, kann sich rühmen, am längsten den gleichen Clubsitz gehabt zu haben. Wie viele andere europäische Yacht-Clubs verdankt die K.R. & Z.V. ihr Entstehen dem Rudersport, der besonders in Holland viele Anhänger findet, wo zahlreiche Kanäle und Binnengewässer ein besonders geeignetes Revier bieten.

Königin Juliana von Holland, Schirmherrin des Clubs.
Rechte Seite, oben: Der Speiseraum.
Unten: Teilansicht der Terrasse mit Blick auf die Maas.

Mitte des vergangenen Jahrhunderts verlieh Prinz Hendrik, „der Navigator" genannt, dem Wassersport einen neuen Impuls, als er eine Ruderregatta ins Leben rief, die alljährlich auf der Maas ausgetragen werden sollte. 1846 fand sie zum ersten Mal statt, und fünf Jahre später äußerten die Ruderer den Wunsch nach einem offiziellen Treffpunkt. So wurde im Jahre 1851 die K.R. & Z.V. gegründet. Ihr Erfolg ließ nicht lange auf sich warten, und schon im ersten Jahr stieg ihre Mitgliederzahl auf zweihunderteinundsechzig, Prinz Hendrik inbegriffen.

Obwohl der Club zunächst nur über einen einzigen Raum und über einen Bootsschuppen verfügte, den er bei der Werft Struyk gemietet hatte, ließ sich König Wilhelm III. bald für eine Schirmherrschaft gewinnen.

Nach dem Feuer, das die Werft zerstörte, in der sie ihre Boote untergebracht hatten, finanzierten die Mitglieder gemeinsam zwei Pontons, auf denen sie ihren neuen Clubsitz bauten. So konnte er immer dann, wenn die Vergrößerung des Hafengeländes es erforderte, an einen anderen Platz verlegt werden. Die Aktivitäten des Clubs beschränkten sich in den ersten Jahren fast ausschließlich auf den Rudersport. Der Club pflegte für die Regatten Berufsmannschaften anzuheuern, mit denen er sich die gewonnenen Geldpreise teilte. Zwei Drittel gingen an die Sportler und der Rest an den Club. Unter dem prunkvollen Gewölbe des heutigen Clubgebäudes hängt am Eingang das *Skiff* von der Decke, das an die Bedeutung des Rudersports in den Anfangsjahren des Clubs erinnert. Die erste Segelregatta wurde erst 1890 ausgetragen. Ziel war Hoek van Holland, wo die Maas in die Nordsee mündet.

Zum fünfzigjährigen Jubiläum des Vereins im Jahre 1901 erteilte die Königin dem Club die Genehmigung, eine Krone in seiner Flagge zu führen und den Zusatz „königlich" im Namen zu tragen.

Der heutige Clubsitz wurde 1909 am Kai in Veerhaven erbaut. Ein Schwimmponton des gleichen Baujahres ist noch heute in der Nähe des Clubgebäudes vertäut.

Die Clubkrawatte und das Türschild des Clubs.
Linke Seite: Der Barkeeper in Livree zeigt die Vitrine mit den Trophäen.

K.R.&Z.V.

Mit der Zeit wurde das Segeln und der Regattasport ebenso beliebt wie das Rudern, und in den zwanziger Jahren verzeichnete man im Register des Clubs eine beträchtliche Anzahl neuer Boote. Der immer dichter werdende Schiffsverkehr auf der Maas nach dem Zweiten Weltkrieg zwang die K.R. & R.V. dann aber, ihren Yachthafen in ruhigere Gewässer nach Breskens zu verlegen.

Der Club rühmt sich zahlreicher Siege bei Ruder- und Segelregatten. Sein ganzer Stolz aber gilt zwei aufeinanderfolgenden Siegen der beiden *Flyer* von Cornelis van Rietschoten beim Whitbread Round the World Race in den Jahren 1977 und 1981. Van Rietschoten, der auch den Spitznamen „der fliegende Holländer" trägt, erlangte durch seine perfekt durchdachte Strategie bei den Regatten Berühmtheit. Sein Beispiel machte in der Segelwelt Schule. Modelle der *Flyer I* und *II* sind selbstverständlich im Eingang des Clubs in einem Schaukasten ausgestellt.

„Van Rietschotens Pokal wurde aus dem Schaukasten des Clubs herausgenommen, da keine Versicherung dieses Risiko übernehmen wollte. Der Pokal muß in einem Tresor aufbewahrt werden", so erklärte uns der Schriftführer des Clubs. Eine solche Trophäe zweimal hintereinander zu gewinnen, stellt einen besonderen Rekord dar und rückt Van Rietschoten in die Nähe der legendären Segler Eric Tabarly und Charlie Barr. Die Mitglieder der K.R. & Z.V. sind stolz, „Connie", wie sie ihn freundschaftlich nennen, in ihrer Mitte zu haben. Seine *Flyer II,* die in der Huisman-Werft in Holland gebaut wurde, ist der Stolz des Clubs, dessen Stander sie in die Häfen der Welt trägt.

Der Club in den 20er Jahren.
Linke Seite, oben: Der Club von außen.
Unten: Die Eingangshalle.

Cornelis Van Rietschoten am Ruder der Flyer.
Zweimal hintereinander gewann er das Yachtrennen „Um die Welt".

Koninklijke Nederlandsche Zeil- en Roeivereeniging

„De Maas“ ist zwar der angesehenste, nicht aber der älteste Yacht-Club der Niederlande. Obgleich das Wort „Yacht“ holländischen Ursprungs ist und die ersten Regatten in holländischen Gewässern ausgetragen wurden, begannen die Holländer erst relativ spät, diesen Sport, den sie quasi erfunden hatten, durch die Gründung von Clubs zu fördern.

Die Ehre, ältester Yacht-Club der Niederlande zu sein, gebührt dem Koninklijke Nederlandsche Yacht Club, der königliche niederländische Yachtclub. Er wurde anno 1846 gegründet. Einer seiner beiden Gründer war der berühmte Prinz Hendrik, ein Bruder des späteren Königs Wilhelm III. Bereits ein Jahr später entstand der bekannte Amsterdamer Club Koninklijke Nederlandsche Zeil- en Roeivereeniging (Königlich Niederländischer Segel- und Ruderverein). In den südlichen holländischen Gewässern ist „De Maas“ der Club Nummer eins, im Norden gibt die K.N.Z. & R.V. den Ton an.

Die K.N.Z. & R.V. war ursprünglich nicht nur ein Yacht-Club im traditionellen Sinne, sondern vielmehr ein Verband, dessen Ziel es in erster Linie war, maritime Tradition und Kultur zu pflegen. Direkt nach seiner Gründung erwarb der Verein den Dreimaster *Pollux,* auf dem der Nachwuchs ausgebildet wurde. Das Schiff liegt heute in der Nähe des Schiffahrtmuseums in Amsterdam, von einem Betonsockel gestützt. Obwohl es nicht mehr seetüchtig ist, wird es noch immer als stationäres Schulschiff genutzt.

Während der ersten Jahre seines Bestehens konzentrierte sich der Club unter anderem darauf, Regatten zu veranstalten, die jährlich stattfinden sollten. Dabei hatte er noch keinen festen Vereinssitz, sondern mußte sich mit einem Kai im Amsterdamer Hafen als Treffpunkt begnügen.

Der Stander des Amsterdamer K.N.Z. & R.V., des angesehensten, doch nicht ältesten Clubs der Niederlande. Er wurde 1847, vier Jahre vor dem Rotterdamer Club, gegründet.

GRIFFIOEN

Seit 1953 hat der Club seinen Sitz mit eigener Pier in Muiden, einem hübschen kleinen Hafen, der nur wenige Kilometer von Amsterdam entfernt ist.

Über Muiden schwebt ein Hauch von Nostalgie. Hier verbringen die Amsterdamer ihre Wochenenden. In der Hafeneinfahrt befindet sich eine Schleuse, die noch von einem Schleusenwärter von Hand bedient wird. Sämtliche Boote, die vom Ijsselmeer aus in die Binnenkanäle wollen, müssen die Schleuse passieren.

Die Pier des Yacht-Clubs liegt kurz vor der Schleuse. Von dort aus kann man den Booten zusehen, die ihre Segel bergen und die Motoren anlassen, um den Kanal zu befahren.

Ein überaus korrekter „Harbourmaster" in Uniform hält den Zugang zum Club streng unter Kontrolle. Die Boote liegen in Reih und Glied am Pier, von der hochmodernen Rennyacht bis zum traditionellen „Boeier", der nach Modellen aus dem 19. Jahrhundert gebaut wurde.

Die Inneneinrichtung des Clubhauses ist schlicht gehalten und zeugt vom Traditionsbewußtsein, das diesem Club eigen ist. Man sieht Möbelstücke aus berühmten Schiffen, die heute nicht mehr existieren, sowie Trophäen und Reiseandenken aus der Zeit der Yacht-Pioniere. Die Stühle sind von außergewöhnlicher Art; denn in ihre Rückenlehnen findet man den Namen des Schiffes eingraviert, aus dem sie stammen. Sie wurden dem Club von verschiedenen Eignern gestiftet. Die besonders schöne Bestuhlung im Speisesaal trägt dazu bei, dem Besucher den Eindruck zu vermitteln, er befinde sich auf einem großen Schiff.

Die traditionellen holländischen Segelschiffe, mit denen die ersten Regatten ausgetragen wurden.
Links oben: Der Speisesaal mit den Stühlen, in deren Rückenlehnen die Namen von Schiffen eingraviert sind.
Unten: Die Clubflagge am Heck eines neuen, aber nach klassischem Vorbild gebauten Bootes.

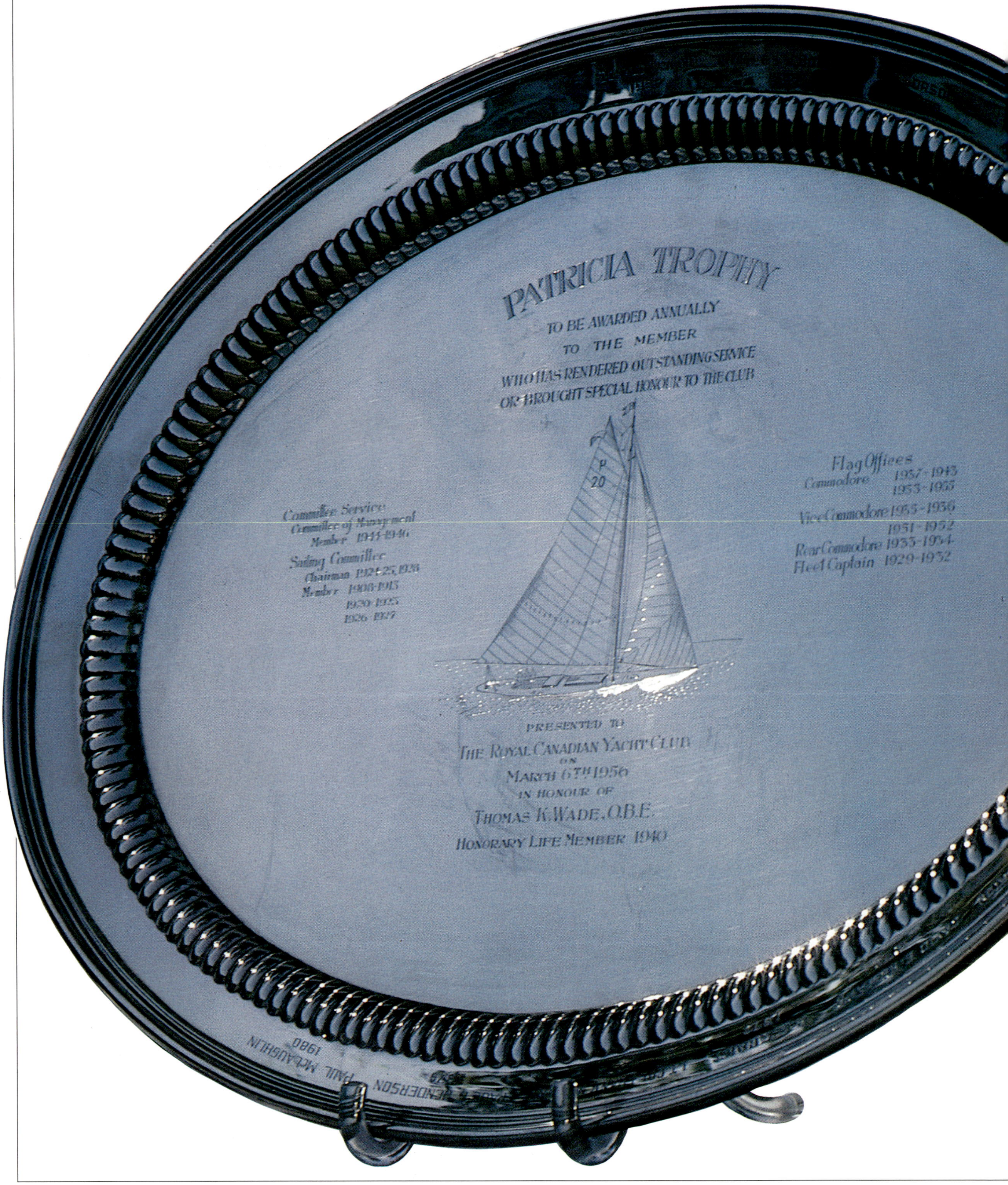
PATRICIA TROPHY
TO BE AWARDED ANNUALLY
TO THE MEMBER
WHO HAS RENDERED OUTSTANDING SERVICE
OR BROUGHT SPECIAL HONOUR TO THE CLUB
P
20
Committee Service
Committee of Management
Member 1943-1946
Sailing Committee
Chairman 1924-25, 1938
Member 1908-1913
1920-1925
1926-1927
Flag Offices
Commodore 1937-1945
1953-1955
Vice Commodore 1935-1936
1951-1952
Rear Commodore 1933-1934
Fleet Captain 1929-1932
PRESENTED TO
THE ROYAL CANADIAN YACHT CLUB
ON
MARCH 6TH 1956
IN HONOUR OF
THOMAS K. WADE, O.B.E.
HONORARY LIFE MEMBER 1940

R.C.Y.C.

Royal Canadian Yacht Club

Gegen Mitte des vergangenen Jahrhunderts tauchten die ersten Dampfschiffe auf. Noch zögerte sogar die Royal Navy, die Dampfmaschine als zusätzliche Antriebsmöglichkeit für ihre Schiffe einzusetzen, und der Royal Thames Club prahlte damit, keinen Besitzer eines maschinengetriebenen Bootes in seinen Reihen zu haben. Damals steckte der Segelsport in Kanada noch in den Kinderschuhen. Die ersten Boote fuhren auf dem Ontariosee. Meistens handelte es sich um Kutter, die nach dem Vorbild der schnellen Postschiffe gebaut waren. Toronto zählte zu der Zeit nicht mehr als 35 000 Einwohner, und das Wasser im Hafen war so sauber, daß es der Trinkwasserversorgung der Stadt diente.

An der Entstehung des Clubs, der später einer der bedeutendsten Clubs der Welt werden sollte, war eigentlich nichts Außergewöhnliches. Wie immer trafen sich ein paar Gentlemen, die von dem neuen Segelsport besonders angetan waren. Das Treffen fand im Hause des Kapitäns W. H. Fellows statt, der der passionierteste unter ihnen war. Sie hielten die Zeit für gekommen, einen Segelclub zu gründen. Er sollte den Namen Toronto Boat Club tragen.

Das genaue Gründungsjahr ist unbekannt, bekannt ist lediglich, daß sich der Club 1852 in Canadian Yacht Club umbenannte und eine Reihe von Wettkampfs- und Vermessungsregeln aufstellte. Damit begann die Geschichte des Royal Canadian Yacht Club. Kurz nach seiner Gründung erwarb er einen Lastkahn, der in der Nähe von Rees Wharf ankerte. Auf diesem Kahn baute er ein quadratisches Häuschen mit Flachdach und einem Fenster auf jeder Seite — sein erster Sitz. Seine Bescheidenheit störte die Mitglieder keineswegs. Sie nahmen sich sogar die Royal Navy zum Vorbild und baten die Queen, sich „Royal" nennen zu dürfen. Es fiel dem Club nicht leicht, sich zu dieser Bitte durchzuringen, denn viele hielten das Vorhaben für gewagt und lächerlich, zumindest aber verfrüht. Schließlich war der Club soeben erst gegründet worden und besaß nicht einmal einen

Das Abzeichen auf den Blazern der Mitglieder im R.C.Y.C.
Oben: Ein Pokal.
Rechte Seite, oben: Der Sommersitz; unten: Sitzecke in der Cafeteria des Clubsitzes in Toronto.

IYC
CYC
Q.C.Y.C.
K.Y.C.
DYC

Freia III

IAN PROCTOR
"ARIADNE"
1959
BRUCE KIRBY
"WINDWHISPER"
1968
INTERNATIONAL
FOURTEEN FOOT DINGY
WORLD CHAMPIONSHIP

angemessenen Sitz. Wider Erwarten gewährte Queen Victoria das erbetene Privileg und stellte damit ihre Weitsicht unter Beweis. Wahrscheinlich ahnte sie, daß der Club bald zahlreiche Mitglieder haben würde, die alle bereit waren, ihr Schiff und sogar ihr Leben dem Empire zu opfern.

Ihre Vorahnung wurde Wirklichkeit, als am 14. August 1914 der Krieg ausbrach. Der R.C.Y.C. zählte damals zweihundert bis dreihundert Mitglieder, die zusammen eine beträchtliche Flotte von Kuttern, Schonern, Slups, Yawls und einigen Motorbooten aufstellten. Die Flotte wurde stark dezimiert, als man einige Yachten für Kriegszwecke umbaute und andere auseinandernahm, um die Metallteile einzuschmelzen und daraus Kanonenkugeln zu gießen. Zahlreiche Mitglieder taten sich in Seegefechten hervor.

Nach dem Krieg wurde der Gedanke an ein neues Clubhaus angesichts der katastrophalen finanziellen Situation des Clubs verworfen. Die spärlichen Mittel wurden darauf verwendet, den Botschafter des britischen Empires, der im Jahre 1919 den Royal Canadian besuchte, gebührend zu empfangen. Der Botschafter war kein Geringerer als Eduard, Prinz von Wales, der auch „der lächelnde Prinz“ genannt wurde.

Der Club hat seinen Standort häufig gewechselt. Die schönsten Clubhäuser waren die drei Gebäude auf einer der Toronto Islands, die dem Club gehörte. Sein heutiger Sitz im Zentrum Torontos ist nur ein moderner Verwaltungsbau, doch eines der prachtvollen Clubhäuser auf der Insel mit einer Pieranlage,

Oben: Der ehemalige Sitz, der durch ein Feuer zerstört wurde.
Rechts: Die Oriole II, *eines der berühmtesten Boote des Clubs Ende des vergangenen Jahrhunderts.*
Linke Seite, oben: Zwei Clubmitglieder im Innern eines vollkommen restaurierten alten Clubbootes.
Unten: Modelle und Bilder von Segelbooten an den Wänden des Sitzungssaals.

Tennisplätzen, Krocketfeld und Swimmingpool für die Mitglieder blieb erhalten. Die beiden anderen Gebäude wurden durch einen Brand zerstört.

Die älteste aller vom Royal Canadian Club veranstalteten Regatten ist der Canada Cup, der Ende des vergangenen Jahrhunderts zum ersten Mal ausgetragen wurde. Die erbitterten Kämpfe um den Cup zwischen dem Canadian Club und dem Chicago Yacht Club sind bis heute unvergessen. Die Geschichte des Cups begann in Amerika, als der Lincoln Park Yacht Club den kanadischen Club einlud, sich mit dem Champion *Vencedor* zu messen. Auf dem Ontariosee gab es damals kein Boot, das die nötigen Eigenschaften aufwies, um die Herausforderung anzunehmen. Sie alle waren viel zu klein. Der Royal Canadian Club beschloß also, ein Konsortium zusammenzustellen, welches ein Boot von entsprechender Größe bauen sollte. Am 23. Juni 1896 lief die *Canada* vom Stapel. Die Wettbewerbsregeln sahen etwas Außergewöhnliches vor: Die Regatta sollte auf neutralem Gebiet und in Binnengewässern stattfinden. Man einigte sich auf den Toledosee, und die *Canada* gewann den Cup mit knappem Vorsprung. Seitdem wird jedes zweite Jahr erneut um den Cup gesegelt, der dann wie der America's Cup von einem Club zum anderen wandert, gemäß einer Regelung, die „Deed of Gift" genannt wird.

Der Royal Canadian war außerdem nach den englischen Clubs der erste, der sich in das Abenteuer des America-Pokals von 1976 stürzte. Dies verdankte er einem seiner dynamischsten Clubmitglieder: Alexander Cuthbert. Er war ein vielseitig begabter Mann; als Yachtkonstrukteur und guter Skipper hat er die *Annie Cuthbert* entworfen und gebaut, die zu den schnellsten Booten auf dem Ontariosee gehörte und oft schon amerikanische Yachten geschlagen hatte.

Der Royal Canadian erklärte sich bereit, die Beteiligung Cuthberts am Cup zu finanzieren und konnte den New York Yacht Club, der in den ersten Jahren des

Die Mannschaft, die den ersten Canada's Cup, die berühmte kanadische Regatta, gewann. Linke Seite, oben: Die Pier; unten: Der Park des Sommersitzes.

America-Pokals den Bewerbern besonders harte Auflagen machte, dazu bewegen, die Cupbestimmungen wesentlich zu lockern, die dadurch gerechter wurden. So verzichtete der amerikanische Club beispielsweise auf die sechsmonatige Anmeldefrist, an die sich bis dahin jeder Cupteilnehmer halten mußte. Ferner wurden die Wettfahrten aufgegliedert, sie fanden teils in Binnengewässern, teils auf hoher See statt, und über den dritten Part entschied das Los. Als wichtigste Änderung verzichtete der N.Y.Y.C. auf die Möglichkeit für den Cupverteidiger, in letzter Minute das Boot zu wechseln, ein Trick, auf den gerne zurückgegriffen wurde, um das Boot der Wetterlage anzupassen. Dennoch mußte Cuthbert mit seiner *Countess of Dufferin* eine Schlappe einstecken.

1983 und 1987 nahm Kanada erneut an dem Cup teil, aber nicht unter der Flagge des Royal Canadian Club, der sich darauf beschränkte, 1983 die Crew der *Canada I* und 1987 die der *Canada II* finanziell zu unterstützen und beide Male den Skipper, Terry McLaughlin, zu stellen. Der Yachtclub war der Royal Nova Scotia Yacht Club.

Der Club zählt heute mehr als 2500 Mitglieder. Er steht unter der Schirmherrschaft von Prinz Philip von Edinburgh. In Kanada stehen neun Clubs unter königlicher Schirmherrschaft, darunter der Royal Nova Scotia Yacht Club als einziger mit langer Tradition. Er stammt von einem 1837 gegründeten Club ab, wurde aber mehrfach umorganisiert und erst 1873 offiziell gegründet.

Krawatte und Knöpfe vom Blazer der Clubmitglieder.
Oben: Photographie der Clubresidenz auf einer der Toronto Islands bei der Einweihung.
Rechte Seite, oben: Terry McLaughlin, Clubmitglied und Skipper der kanadischen Herausforderin beim America's Cup, spielt Krocket vor dem Club.
Unten: die Club-Bar.

ROYAL·SYDNEY·YACHT·SQUADRON

R.S.Y.S.

Royal Sydney Yacht Squadron

Zweifellos gehört Australien neben den Vereinigten Staaten und England zu den „Großen" im Segelsport. Die „Aussies", wie sie freundschaftlich in England genannt werden, haben nicht nur zahlreiche Medaillen in verschiedenen olympischen Disziplinen gewonnen, sondern auch mehrmals beim Admiral's Cup und 1983 beim legendären America's Cup gesiegt. Diese glänzenden Ergebnisse sind in erster Linie dem Royal Sydney Yacht Squadron, dem ältesten Yacht-Club Australiens, zuzuschreiben.

Den außergewöhnlichen Erfolg verdankt der Club aber auch dem hervorragenden Segelrevier in der geschützten Bucht von Sydney. In dieser Bucht findet auch das berühmte Schausegeln statt, bei dem die Mannschaften von 18-Fuß-Schwertbooten atemberaubende Wettfahrten veranstalten. Zwei bis drei Segler hängen als „lebender Ballast" im Trapez, während ihnen auf ganzen Flotten von Motorbooten und überfüllten Fähren eine begeisterte Zuschauermenge folgt. Bei dieser Gelegenheit wird zwischen ein paar kühlenden Bieren eifrig gewettet.

Wer lieber in Küstennähe segelt, hat die Qual der Wahl zwischen den zahlreichen Buchten und Fjorden, die nur wenige Seemeilen von Sydney entfernt liegen. Die günstigen geographischen Gegebenheiten der Bucht hatten schon Kapitän Arthur Phillips, den Kommandanten des ersten Gefangenentransports nach Australien, bewogen, die Strafkolonie an diesem Standort einzurichten. Ursprünglich war dafür die weiter südlich von Sydney gelegene Botany Bay vorgesehen, die Kapitän Phillips wegen der seichten Ufer für eine Ansiedlung jedoch für ungeeignet hielt. Die Bucht von Sydney, so benannt nach einem Admiralitätssekretär, war dagegen wesentlich gesünder und verfügte über tiefe Küstengewässer, was die Ausschiffung von Menschen und Waren erleichterte.

William Walker, erster Kommodore des Royal Sydney Yacht Squadron.
Rechte Seite: Glastür mit Clubwappen.
Folgende Doppelseite: Teilansicht des Clubhauses.

ROYAL SYDNEY YACHT SQUADRON

Die Einwohnerzahl der 1788 gegründeten Stadt Sydney stieg dank der vielen Einwanderer rasch an. Im Gegensatz zu den Strafgefangenen, die die ersten Bewohner gewesen waren, ließen sie sich hier gern und freiwillig nieder. Bereits 1827 zählte die Kolonie Neusüdwales 35 000 Einwohner, ohne die Ureinwohner und die 16 000 Einwohner der Sträflingskolonie Tasmanien.

Im gleichen Jahr fand die erste Regatta in der Sydney Bay statt. Sie wurde zwischen den Mannschaften zweier Kriegsschiffe, der H.M.S. *Success* und der H.M.S. *Rainbow* ausgetragen. Seitdem wird an jedem 26. Januar eine Regatta veranstaltet, um die Entdeckung der Sydney Bay zu feiern.

Sydney entwickelte sich zu einer wohlhabenden Stadt, und schon bald erwarben zahlreiche Kaufleute und Adelige Yachten in England oder ließen sie sich an Ort und Stelle bauen. Keines der Schiffe jedoch, die man damals in der Bucht antraf, war mit der *Wanderer,* einem Schoner von 240 Registertonnen, zu vergleichen. Er gehörte Benjamin Boyd, einem Mitglied des Royal Yacht Squadron, der 1842 in Sydney vor Anker ging. Der Yachtbesitzer war in der Absicht nach Australien gekommen, dort mit seinem beachtlichen, in London erworbenen Vermögen eine der Bank of England vergleichbare Bank zu gründen. Es kam jedoch anders. Boyd hatte keinen Erfolg und mußte 1849 das Land verlassen. Er ging nach Kalifornien, um sein Glück in den neu entdeckten Goldfeldern zu suchen. Die *Wanderer* aber machte in der Seglergemeinde von Sydney Schule, wo nun auch die Begeisterung für den Segelsport immer mehr Aufwind erhielt.

Die Entdeckung eines Goldvorkommens in Neusüdwales 1851 brachte weitere Impulse für den Segelsport. Sie löste einen neuen Einwandererstrom aus und brachte den Australiern zum ersten Mal den Anblick der neuen Klipper: Auf diesen schnellen, eleganten Schiffen kamen die Goldsucher aus Kalifornien auf der Suche nach dem glänzenden Metall nach Australien.

Eine kleine Kanone hat einen Ehrenplatz im englischen Garten, der zu den Piers führt. Rechte Seite: Der Clubeingang.

ROYAL SYDNEY YACHT SQUADRON

Mit der Zeit wurde es unerläßlich, die Tonnage der Schiffe, die in der Bucht von Sydney um die Wette segelten, durch eine Bestimmung zu begrenzen. Bei dieser Gelegenheit wurde im Jahre 1856 der Sydney Yacht Club ins Leben gerufen, der aber nicht lange Bestand hatte.

Der heutige Royal Yacht Squadron wurde 1862 von William Walker gegründet, einem reichen Kaufmann aus Schottland, der mit seinen Eltern nach Australien ausgewandert war. Gegen Ende des Jahres 1861 kaufte Walker in England einen prächtigen stählernen Schoner, die *Chance,* die er, begleitet von einer bezahlten Mannschaft, eigenhändig nach Sydney überführte. Dank dieses Bootes gewann Walker rasch einen gewissen Einfluß in den Seglerkreisen Sydneys, und daher gelang es ihm ohne weiteres, am 8. Juli 1862 achtzehn Rennyachtbesitzer in seinem Büro zu versammeln, um den Australian Yacht Club zu gründen. Nach einigen Monaten wurde beschlossen, den Club aus Rücksicht auf andere australische Bundesstaaten umzubenennen. So entstand zunächst der Name Sydney Yacht Squadron. Im Jahre 1863, als der Prinz von Wales seine Schirmherrschaft zusagte, wurde der Zusatz „Royal" beigefügt.

Hundert Jahre später nahm der R.S.Y.S. zum ersten Mal als Herausforderer am America's Cup teil, als die *Gretel* im Zweikampf der *Weatherly* gegenüberstand. Später, 1967, segelte sie gegen die *Dame Pattie.* Damals waren die Australier zwar unterlegen, aber ihr gutes Abschneiden ermutigte sie, erneut teilzunehmen, und 1983 konnten sie endlich mit der *Australia II* den Sieg davontragen.

Außenansicht der Clubanlage; im Vordergrund der Kieferknochen eines Wals, der den Torbogen am Eingang des Clubs bildet. Linke Seite: Herrlicher Blick auf die Sydney Bay durch ein Fenster mit Clubwappen.

Das Interesse der Australier am Cuprennen läßt sich noch viel weiter zurückverfolgen: Seit der Schoner *America* 1851 den gleichnamigen Cup bei Cowes errang, war es nie ganz erloschen. Im Jahre 1888 begab sich Walter Reeks, Mitglied der R.S.Y.S. und zugleich einer der besten australischen Yachtkonstrukteure, eigens in die Vereinigten Staaten, um die Besonderheiten der *Volunteer* zu untersuchen, die im Jahre zuvor ihre englische Rivalin *Thistle* geschlagen hatte. Er wurde vom New York Yacht Club herzlich empfangen und ließ sich auch durch die strengen Wettbewerbsregeln nicht von seinem Vorhaben abbringen, am Cup teilzunehmen. Die Bestimmungen sahen vor, daß jeder Konkurrent von seinem Heimathafen aus an die amerikanische Küste segeln mußte, um zum Cup zugelassen zu werden. Reeks hätte es also wagen müssen, mit seiner Rennyacht das Kap Horn oder das Kap der Guten Hoffnung zu umsegeln. Er hatte sich gut auf die Fahrt vorbereitet, sein Plan scheiterte jedoch an der mangelnden finanziellen Unterstützung durch seine Landsleute, und er mußte sein Vorhaben aufgeben.

Solcher Unternehmungsgeist ist charakteristisch für den R.S.Y.S., der auch an der Sydney Hobart, einer seit 1945 bestehenden 680-Meilen-Regatta regelmäßig teilnimmt. Sie zählt heute zu den Klassikern und ist mit dem Fastnet-Race vergleichbar.

Das Clubhaus befindet sich seit 1903 in der Bucht von Careening Cove. Noch heute flattert die Clubfahne an einem zur Fahnenstange umfunktionierten alten Schiffsmast, und den Torbogen zum Club bildet der Kieferknochen eines Wals aus der alten Walfangstation Twofold Bay.

Familie Packer, eine der reichsten Familien Australiens, hat 1962 mit Gretel *und 1970 mit* Gretel II *am America's Cup teilgenommen. Rechte Seite: Die* Gretel II, *eine für damalige Zeiten ziemlich moderne Zwölfer-Yacht.*

GRETEL II
SYDNE

Royal New Zealand Yacht Squadron

Neuseeland ist eine Seglernation par excellence. Es hat nur drei Millionen Einwohner, aber fast jeder von ihnen segelt. Segeln ist nach dem Rugby allerdings nur der zweite Nationalsport, und das ist ziemlich einmalig auf der Welt. Die Stadt der Segler ist Auckland. An jedem Wochenende laufen Tausende von Booten zu einem gemütlichen Törn in die geschützte Bucht von Waitemata aus. Hier liegt auch der Sitz des Royal New Zealand Yacht Squadron.

Wenn man bedenkt, daß Neuseeland erst 1642 entdeckt wurde und seine Besiedlung erst Mitte des letzten Jahrhunderts begann, ist es schon erstaunlich, wie schnell die Neuseeländer das Segeln für sich entdeckt haben. Allerdings waren sie aufgrund der von der übrigen Welt abgeschiedenen geographischen Lage ihrer Insel sowohl für den Küstenverkehr als auch für den Handel mit dem Ausland schon immer sehr auf die Schiffahrt angewiesen. Schon früh entwickelte sich in Neuseeland eine charakteristische Schiffsbauweise, deren Tradition heute von Konstrukteuren wie Ron Holland und Bruce Farr fortgeführt wird. Bereits in der zweiten Hälfte des vergangenen Jahrhunderts ließen sich wohlhabende Persönlichkeiten in Auckland für lokale Regatten vom britischen Stil beeinflußte Kutter bauen. Für Küstenfahrten paßten die Schiffsbauer die Bauweise der *Scows*, der Schuten der nordamerikanischen Seen, den Erfordernissen der einheimischen Gewässer an. Es handelte sich um schwere Schiffe mit flachem Boden, die sich ausgezeichnet zum Be- und Entladen von Gütern in flachen Gewässern eigneten. Seit 1850 nahmen sie neben den Yachten an einer alljährlichen Regatta teil, die in

Oben: Der Hafen von Auckland zu der Zeit, als der New Zealand Yacht Club gegründet wurde. Nebenstehend: Das Abzeichen der Clubblazer und, oben, das Emblem des Clubs auf Manschettenknöpfen. Linke Seite: Photographie einer Gruppe von Clubmitgliedern aus den 20er Jahren.

R.N.Z.Y.S.

der Bucht von Auckland stattfand und von der Auckland Regatta Association veranstaltet wurde.

1871 traf eine Gruppe von passionierten Seglern im Thames Hotel zusammen, um einen Verein zu gründen, der imstande war, sehr viel häufiger Regatten zu veranstalten. Man eröffnete die Sitzung in der Bar und diskutierte bis spät in die Nacht. Schließlich wurden die Herrschaften gebeten, das Lokal zu verlassen, setzten aber auf der Straße unter einer Gaslaterne ihre Beratungen fort. An jenem Abend wurde der Auckland Yacht Club ins Leben gerufen. Über die Aktivitäten des Clubs während des ersten Jahres ist nicht viel bekannt. 1878 jedoch wurde eine Generalversammlung einberufen, in deren Verlauf William Aitken, Eigentümer des 30-Tonnen-Schoners *Geraldine,* zum Kommodore gewählt wurde. Zehn Jahre später traten ernste Meinungsverschiedenheiten unter den Mitgliedern auf. Einige von ihnen machten dem Club seine exklusiven Veranstaltungen zum Vorwurf und gründeten den Waitemata Yacht Club, der „den Yachtbesitzern und all denen, die sich ernsthaft dem Segelsport widmen wollen", vorbehalten war. Die beiden Gruppen versöhnten sich kurz darauf, und die „Abtrünnigen" schlossen sich dem Auckland Yacht Club wieder an. Im Jahre 1901 übernahm der Club die Satzung der englischen Royal Yachting Association, änderte seinen Namen und nannte sich New Zealand Yacht Squadron. Ein Jahr später verlieh der Gouverneur dem Club das Recht, den Namenszusatz „Royal" zu tragen und die blaue Flagge der Royal Navy zu hissen.

Der R.N.Z.Y.S. hat zahlreiche Regatten von internationalem Rang organisiert, wie etwa den Eintonner-Cup im Jahre 1971, den der Australier Syd Fischer mit seiner *Stormy Patrel* gewann. Unter seinen Mitgliedern sind zahlreiche berühmte Segler, wie z. B. Peter Blake. Er ist heute der einzige, der viermal an der Whitbread-Weltregatta teilgenommen hat. Der Stander des Clubs weht auf der ersten Zwölfer-Yacht aus glasfaserverstärktem Kunststoff, der *New Zealand:* sie nahm 1987 am America's Cup teil.

Clubmitglied Bruce Farr, einer der drei Konstrukteure des neuseeländischen Herausforderers beim America's Cup 1987. Linke Seite: Die GFK-Zwölferyacht New Zealand.

Y.C.F.

Yacht Club de France

Obwohl in Frankreich der Yachtsport in den Häfen der Atlantikküste, genauer in Le Havre, entstand, zeigte die Pariser Grande Bourgeoisie sehr bald Interesse an diesem neuen Sport. Mitte des 18. Jahrhunderts wurde der Yachtsport ein wichtiges Thema in bestimmten Kreisen. Es waren die Kreise jener bekannten Persönlichkeiten, die, wie der Prinz von Joinville, Alexandre Dumas, Horace Vernet und einige Politiker und reiche Kaufleute, diesen Modesport eingeführt hatten.

Im Jahre 1867 hielt man die Zeit für gekommen, einen Verein zu gründen, dessen Mitglieder einsatzfreudig und zielstrebig genug waren, um den Yachtsport in Frankreich zu fördern. Ferner sollten sie in der Lage sein, Bestimmungen zu erlassen und sie mit der nötigen Autorität durchzusetzen. Die Société d'Encouragement pour la Navigation de Plaisance wurde am 15. Juni gegründet. Fünf Monate später wurde beschlossen, dem Namen den Zusatz „Yacht Club de France" beizufügen. Kaiser Napoleon III. gewährte seine Schirmherrschaft, und die Marine erkannte die Clubflagge offiziell an. Die Flagge trug die Farben der Nationalflagge mit einem weißen Stern im blauen Feld.

Im Jahre 1868 richtete der Yacht Club de France seine erste Regatta auf der Strecke Ryde—Dieppe aus. Der Kaiser hatte einen Pokal im Werte von 2500 Francs gestiftet, und der Club bot die Summe von 3000 Francs auf. Im darauffolgenden Jahr zählte der Club mehr als 100 Mitglieder und 56 Yachten, darunter sechs Boote der kaiserlichen Flotte.

Nach dem Krieg 1870/71 hatten die aktiven Segler des Clubs genügend Macht erlangt, um sich eine Provokation gegenüber den übrigen Mitgliedern erlauben zu können: Sie designierten als Vize-Präsidenten ein Clubmitglied, das nicht dem Verwaltungsrat angehörte. Dieses Verhalten stellte einen Bruch mit der Tradition dar. So spaltete sich der Club in zwei Lager. Die einen warnten, der Yacht Club de France werde alle Privilegien verlieren, die bis dahin der Société

Oben: Der erste Clubsitz.
Links: Die Yacht Firecrest, *mit der Alain Gerbault, einer der größten französischen Transatlantiksegler, um die Welt segelte.*
Linke Seite: Zwei Photos von Gerbault nach seiner Weltumseglung in den 20er Jahren.
Auf Seite 104: Der „Coupe de France", eine der berühmtesten Trophäen des französischen Segelsports.

d'Encouragement gewährt wurden, wenn er sich auf eigene Füße stellen wolle. Die anderen behaupteten natürlich das Gegenteil. Schließlich wurde der damalige Marineminister gebeten, den Streit zu schlichten. Beschlossen wurde, daß die ausgeschiedenen Mitglieder, annähernd 160, einen neuen Club gründen dürften und die gleichen Privilegien genießen würden wie die Société d'Encouragement. Der neue Club mußte allerdings einen anderen Namen tragen und ausreichende Sicherheiten bieten.

Am 23. Juni 1881 wurde die Union des Yachts Français, Société d'Encouragement pour la Navigation de Plaisance, ins Leben gerufen. Ihre blau-weiß-rote Flagge trug einen blauen Stern in der Mitte des weißen Feldes. Am Ende des Jahres umfaßte der Club mindestens 420 Mitglieder und eine Flotte von 260 Booten. Im Jahre 1891 hatten sich diese Zahlen verdoppelt, und der spektakuläre Erfolg entging der Aufmerksamkeit des ersten Yachtclubs nicht. Die Rivalitäten zwischen den beiden Clubs bereiteten den Seglern nur Unannehmlichkeiten, und von allen Seiten wurden Stimmen laut, die den Zusammenschluß der beiden Clubs forderten. Schließlich einigte man sich, und so entstand der Club, den wir heute kennen.

Der Yacht Club de France, Société d'Encouragement pour la Navigation de Plaisance, gilt seit 1907 als höchste französische Instanz im Segelsport.

Der Club legte stets Wert auf die sportlichen Aktivitäten — 1891 setzte er zum ersten Mal den Coupe de France als Preis aus, der ohne Zweifel der begehrteste französische Pokal ist — und förderte auch das Fahrtensegeln, was damals noch eine Seltenheit war. In der Bibliothek des Clubs findet man noch heute die spannenden Fahrtenberichte des Doktor Charcot, der bis in die Arktis gesegelt war, von Alain Gebault, der mit seiner *Firecrest* 1923 startete und die Weltumseglung 1929 vollendete, und vor allem von Virginie Hériot.

Madame Hériot ist vielleicht die erste Frau, die je eine Segelyacht führte. Zu einer Zeit, da in den anderen Ländern die Frauen noch nicht einmal Zugang zu den Yacht-Clubs hatten, war sie eines der dynamischsten Mitglieder des Y.C.F.

Oben: Der Große Saal des Pariser Clubsitzes.
Unten: Die massive Eingangstür.
Linke Seite: Der Clubstander.

Die See war ihre Leidenschaft. Ihre finanziellen Mittel erlaubten ihr, zwischen 1910 und 1933 vier Yachten bauen zu lassen, von denen eine die *Ailée II* war, ein Dreimaster von 500 Registertonnen. Man hat errechnet, daß Virginie Hériot in 28 Jahren 145 000 Seemeilen zurücklegte, was etwa einer sechsmaligen Weltumsegelung entspräche. Während ihrer Reisen hielt sie in jedem größeren Hafen Vorträge zur Förderung des Yachtsports.

Außerdem war sie eine ausgezeichnete Regattaseglerin, Eignerin und Skipper von sechs verschiedenen 8-m-Yachten, alle *Aile* genannt, und vier 6-m-Yachten mit dem Namen *Petite Aile*. Mit ihren Yachten nahm sie an den Olympischen Spielen in Amsterdam teil, am Coupe de France, am Coppa d'Italia und an allen berühmten Regatten ihrer Zeit. Virginie Hériot starb 1932 an Bord ihres Dreimasters. Ihr Leichnam wurde vor Brest dem Meer übergeben, wie sie es gewünscht hatte.

Der Club setzte seine Aktivitäten, die der Verbreitung des Yacht-Sports in allen seinen Variationen, einschließlich des Motoryacht-Sports, dienten, im Laufe der folgenden Jahre fort. Schon zu Beginn dieses Jahrhunderts hatte er erste Regattaregeln für Motoryachten erlassen und die erste Regatta auf der Seine veranstaltet. Der Motoryachtsport setzte sich jedoch erst viele Jahre später endgültig durch, als im Jahre 1967 der damalige Präsident des Clubs, Paulmier, den Gegnern der Motoryachten erklärte, daß der Yacht-Club alle Boote ohne Ausnahme fördern müsse. Von seinem Pariser Sitz in der Rue Galilée 6 aus fördert der Yacht Club de France den Segelsport heute noch, wenn auch im Bemühen um Verbreitung und Information die sportlichen Aktivitäten in den Hintergrund gerückt sind.

Ein Photo von Virginie Hériot, berühmteste französische Seglerin. Rechte Seite, oben: Madame Hériot am Ruder eines ihrer Schiffe; unten: Aufnahme bei einer Feier zu Ehren ihrer sportlichen Erfolge.

Société des Régates du Havre

Im Jahre 1838 wurde in Le Havre mit Unterstützung des Hotels Frascati und der Bains Frascati eine Gesellschaft gegründet, die Touristen aus Paris anlocken sollte. Damals dauerte die Reise von Paris nach Le Havre sechs Stunden. Vier Jahre später wurde aus dieser Gesellschaft die Société des Régates du Havre.

Im darauffolgenden Jahr veranstaltete der Verein eine Ruderregatta nach englischem Vorbild, und am 29. Juli 1840 fand die erste Segelregatta in der Geschichte Frankreichs statt. Die Boote waren je nach Typen und Tonnage in verschiedene Klassen eingeteilt. Die berühmte Regatta-Tradition von Le Havre geht auf diese Zeit zurück. Dem großen Erfolg der ersten Regatta ist es in besonderem Maße zu verdanken, daß man sich entschloß, die sportlichen Aktivitäten und die wirtschaftlichen Interessen des Hotels Frascati zu trennen. Die Société des Régates wurde unter der Schirmherrschaft des Admirals Prinz von Joinville gegründet.

Der Club gewann schnell an Bedeutung. Zu Beginn des 19. Jahrhunderts wurde das Palais des Régates errichtet, ein prächtiger Bau, der während des ersten Weltkrieges als Lazarett diente. In den 20er Jahren hatte der Club seine Glanzzeit: 1924 fanden die Olympischen Spiele in Le Havre statt, 1927 der Coupe de France und dann zahlreiche Regatten der Sechs- und Acht-Meter-Klasse.

In den 40er und 50er Jahren begannen die Clubmitglieder mit Entschlossenheit den langwierigen Wiederaufbau des Clubs. Zunächst mußten sie sich mit einer Holzhütte auf den Ruinen des alten Clubgebäudes zufriedengeben, bevor sie schließlich 1957 ihr heutiges Clubhaus in Sainte-Adresse einweihen konnten. Heute zählt der Club 350 Boote und mehr als 1000 Mitglieder, unter ihnen Bruno Troublé, Vorstandsmitglied und einer der berühmtesten Skipper Frankreichs. Mehrere Male hat er als Steuermann auf Yachten des Baron Bich (alle *France* genannt) erfolglos, aber aufsehenerregend am America-Pokal teilgenommen.

Das Palais des Régates vor seiner Zerstörung im Zweiten Weltkrieg.
Linke Seite, oben: Eine der verschiedenen Coyote, *die Bruno Troublé (unten), Vorstandsmitglied des Clubs, bei den wichtigsten I.O.R.-Regatten gesteuert hat.*

NRV

N.R.V.

Norddeutscher Regatta Verein

N.R.V.

An Alster und Elbe gibt es etwa hundert Yacht-Clubs, davon dreiundvierzig allein auf Hamburger Boden. „Sobald jemand Meinungsverschiedenheiten mit seinem Club hat, will er gleich seinen eigenen Verein gründen“, erklärt dazu Kai Droege, Mitglied des Norddeutschen Regatta Vereins. Einer seiner Vorfahren gehörte zu den Gründern des Clubs. Der Norddeutsche Regatta Verein ist sicherlich der bedeutendste Yacht Club Hamburgs, wenn nicht gar Deutschlands, zumal er die Travemünder und die Kieler Woche ins Leben rief. Die Kieler Woche ist heute das größte Regatta-Ereignis Europas.

Das erwachende Interesse am Freizeitvergnügen Segeln blieb nicht auf die klassischen Seefahrernationen beschränkt. Junge Hamburger Kaufleute waren auf ihren Auslandsreisen mit den englischen Segelclubs und ihren Wettfahrten vertraut geworden und brachten ihre Begeisterung mit an die Alster. Zunächst segelten die Hamburger Yachtbesitzer ihre privaten Wettfahrten. Als sie dann auch an auswärtigen Regatten teilnehmen wollten, trafen sie auf Schwierigkeiten. Nach den Regatta-Bestimmungen in Paris wie auch in England mußten die teilnehmenden Yachten den Stander eines anerkannten Segelvereins führen. Nach verschiedenen Versuchen mit anderen, inzwischen entstandenen Vereinen wurde 1868 der Norddeutsche Regatta Verein gegründet, der offizielle Regatten ausschreiben und in fremden Revieren melden konnte. Sogleich nach seiner Gründung begann der NRV, auf der Alster und der Unterelbe Regatten auszurichten. Und als einige seiner Mitglieder Gelegenheit hatten, an einer kleinen privaten Wettfahrt auf der Kieler Förde teilzunehmen und sahen, wie gut man dort segeln konnte, vereinbarten sie mit den Kieler Seglern im Sommer 1882 eine Regatta größeren Stils. Sie wurde ein Erfolg und war die erste der bis heute alljährlich veranstalteten Kieler Wochen.

Damals war der Transport der Boote von Hamburg nach Kiel noch äußerst beschwerlich und führte im Schlepp durch den Eiderkanal nach Holtenau oder über die Nordsee rund Skagen. Daher ist es verständlich, daß die Segelfreunde in

Einige der Gedenkplaketten der Kieler Woche, die der NRV schuf. Linke Seite: Das Clubemblem. Folgende Doppelseite: Das Modell der Seeadler, *zur Einweihung des nach dem Krieg wieder aufgebauten Clubhauses im Jahre 1950 von Kurt Neube gestiftet und von Felix Graf von Luckner überreicht.*

N.R.V.

Hamburg die Eröffnung des Kaiser-Wilhelm-Kanals, später Nord-Ostsee-Kanals, im Jahre 1895 mit Begeisterung aufgenommem haben.

Auf einer der ersten, auch für Hochsee-Rennen geeigneten Yachten des NRV, der *Welle*, sammelten der spätere Kaiser Wilhelm II. und sein Bruder Heinrich ihre ersten Segelerfahrungen. Ihre Begeisterung für das Segeln und ihre Liebe zur See blieben bestehen. Der Kaiser war mehrmals Gast bei der Kieler Woche und unternahm später mehrere Nordlandreisen mit seinen Schonern, die er alle *Meteor* nannte. Gern und oft war er in Hamburg zu Besuch, wo sein Bruder Heinrich unter dem Stander der NRV segelte.

Nach der Gründung des Segelclubs „Rhe“ und des NRV entstanden in den Folgejahren in Berlin und anderen Orten Deutschlands noch weitere Clubs, und es kam in der deutschen Seglerwelt zu Vereinsquerelen, vornehmlich über Regatta-Ausschreibungen. Um sie zu vereinheitlichen, wurde 1888 der Deutsche Segler-Verband gegründet, der noch heute der Dachverband des deutschen Segelsports ist. Der Verband übernahm die Organisation und Durchführung der Kieler Woche. Das Verdienst, deren Fundament gelegt zu haben, gebührt dem NRV, der bis heute maßgeblich Anteil an der Durchführung der Kieler Woche hat.

Im Clubsitz des Norddeutschen Regatta Vereins, der zunächst noch näher zur Stadt hin lag, trafen sich Generationen berühmter Schiffseigner, darunter die Reederfamilie Laeisz, deren Segelschiffe wie die *Peking, Preußen* und *Potosi* Guano von Chile nach Europa transportierten und durch ihre Fahrten um das Kap Hoorn weltweit bekannt wurden. Später erwarb der NRV die Villa Schöne Aussicht 37 und baute sie zum Clubhaus um. Das Gebäude liegt für Segelveranstaltungen auf der Alster besonders günstig und bietet den Mitgliedern in der Tat eine schöne Aussicht auf den regen Segelbetrieb vor der Kulisse der Hamburger Innenstadt.

In der Rezeption des NRV hängt ein Ölgemälde, das eine der großen Stunden in

Zwei Postkarten zur Erinnerung an die Kieler Woche.
Rechte Seite, oben: Die clubeigenen Bootsstege am Alsterufer.
Unten: Eine Sitzecke in der Bibliothek.

der deutschen Segelgeschichte darstellt. Es zeigt den Schoner *Meteor* des Kaisers, gefolgt von der *Iduna* der Kaiserin und von der *Germania* des Großindustriellen Krupp, die in der Regatta der Sonderklasse der Großsegler bei der Kieler Woche 1911 miteinander konkurrierten. Das erste Jahrzehnt des 20. Jahrhunderts war für das deutsche Hochseesegeln eine prägende Zeit. Das Verdienst ist vor allem dem Kaiser zuzuschreiben, der für mehrere Regatten den Anstoß gab und Preise stiftete. So hatte er zu Ehren seiner Großmutter, der englischen Königin Victoria, anläßlich der Feier ihres sechzigjährigen Regierungsjubiläums, 1897 den „Jubilee Cup" für die Regatta Dover — Helgoland gestiftet. Vor allem aber belebte er das Interesse am Hochseesport in Deutschland 1905 mit der Stiftung des „Ocean Cup" für eine Transatlantik-Regatta von Amerika nach Europa. Damals wurde der Schoner *Atlantik* berühmt, der einen bis 1980 ungeschlagenen Rekord aufstellte. Ozeanrennen wurden in Europa wie in Amerika immer beliebter. Durch die beiden Weltkriege unterbrochen, wurden sie nach deren Ende bald wieder aufgenommen.

Unter den Mitgliedern des NRV finden sich viele Liebhaber von Hochseeyachten, der Schwerpunkt liegt jedoch bei den olympischen Klassen. In der Seglerwelt wegen ihrer sportlichen Erfolge berühmte Namen von NRV-Mitgliedern sind neben vielen anderen Hans Howaldt, Werner Krogmann, Rolf Mulka, Ulli Libor und Achim Griese. Zu den glanzvollsten Siegen in diesem Bereich gehören sicherlich die Goldmedaille, die Bischoff 1939 in der Starklasse gewann, und die Silbermedaille der Mannschaft Griese-Marcour in der gleichen Klasse bei den Olympischen Spielen 1984 in Los Angeles, wobei sie das Gold knapp verfehlten.

Der Aufbau der Jugendabteilung, des Clublebens, des Clubhauses und der Verbindungen zum Ausland nach dem Zweiten Weltkrieg war beschwerlich. Das *Sphinx*-Programm war der erste Schritt. Die *Sphinx*, eine über den Krieg gerettete 12-Meter-R-Yacht, wurde gegen eine Partie Holz an einen Holzhändler verkauft.

Das Ölgemälde im Großen Saal des Clubs zeigt eine Regatta auf der Alster im Jahre 1867 mit den NRV-Yachten Herta, Paul, Vesta *und* Zephyr.
Daneben: Der Clubstander.
Rechte Seite: Eine Alsterregatta heute; unten: Starboote vor dem Clubgelände.

G.575
G·485

Diese Partie Holz konnte an die Werft Abeking & Rassmussen weiterverkauft werden, die dafür 12 Hummelboote, fünf Piraten und acht Hansajollen lieferte. Mit diesem Bootspark begann 1948 der Aufbau der Jugendabteilung auf der Alster.

Zum ersten Mal nach dem Kriege wurden im selben Jahr unter Mitwirkung des NRV auch die Kieler Woche und die Travemünder Woche wieder veranstaltet und ein Jahr später die Nordsee-Woche. Schon im Jahre 1949 wurde das im Krieg beschädigte Clubhaus Schöne Aussicht 37 unter Mithilfe der Mitglieder beim Steineklopfen wieder aufgebaut.

Es dauerte Jahre, bis wieder international gesegelt wurde. 1952 durfte Deutschland an der Olympiade in Helsinki teilnehmen. Der Vorsitzende des NRV, Dietrich Fischer, begleitete die erste deutsche Mannschaft. Den Drachengoldpokal, die inoffizielle Weltmeisterschaft der Drachen, konnte der NRV 1964 wieder vor Travemünde veranstalten.

Unter der Leitung des ersten Vorsitzenden, Manfred von Schröder, wurde 1968 das hundertjährige NRV-Jubiläum gefeiert. Höhepunkt der Feierlichkeiten war die Transatlantik-Regatta mit 33 Yachten aus 11 Nationen. An der Travemünder Woche des NRV-Jubiläumsjahres nahmen 290 Boote teil. In der Vorwoche wurden die Deutschen Meisterschaften in den Klassen Flying Dutchman, Star und Drachen ausgetragen. Den Abschluß des Jubiläumsjahres bildeten ein festlicher Empfang und Ball. Seit 1982 hat den Vorsitz Uwe von Below übernommen. Der NRV bemüht sich jetzt besonders um die Unterstützung jugendlicher Segler durch Sponsorengelder aus der Industrie. Ein weiteres Ziel, das der NRV gemeinsam mit dem KYC anstrebt, ist der Aufbau einer erstmaligen deutschen Herausforderung für den legendären America's Cup.

Einer der gemütlichen Clubräume. Daneben und rechte Seite: Der lebhafte Segelbetrieb auf der Alster vor der Silhouette der Stadt.

Kieler Yacht-Club

Der wohl bekannteste deutsche Yacht-Club wurde 1887 gegründet. Die ersten 100 Jahre seines Bestehens stellen in einem ganz besonderen Maße ein Spiegelbild der inzwischen abgelaufenen Zeitgeschichte dar. Seit 1882 segelten auf der Kieler Förde, der bewaldeten, tief eingeschnittenen Bucht in der äußersten Südwestecke der Ostsee alljährlich einige Hamburger Segler und Kieler Marineoffiziere miteinander um die Wette. Erste Anfänge der späteren Kieler Woche. Offiziere der jungen kaiserlichen Marine waren es auch, die 1887 den Marine-Regatta-Verein gründeten, in dem sich eine rasch wachsende Zahl von Segelbegeisterten zusammenfand. Schon vier Jahre später konnte man Kaiser Wilhelm II. als Kommodore gewinnen und durfte sich fortan Kaierlicher Yacht-Club nennen.

Der Kaiser kaufte die englische America's-Cup-Yacht *Thistle,* die als deutsche *Meteor* die erste einer längeren Serie kaiserlicher Yachten gleichen Namens wurde. Die Kaiserin mit der *Iduna,* Friedrich Krupp mit der *Germania,* Albert Ballin und viele andere private Eigner folgten dem Beispiel, so daß die unter dem Stander des Kaiserlichen Yacht-Clubs segelnde Flotte und die von ihm veranstalteten Regatten bald Weltgeltung erwarben. Gegenüber England und Amerika, wo die bedeutenden Regattaereignisse im wesentlichen von großen Schoner- und Kutteryachten bestritten wurden, legte der KYC von Anfang an Wert darauf, daß seine Regatten sich auch für kleine und kleinste Bootsklassen öffneten.

Fast ein viertel Jahrhundert lang erlebten der Kaiserliche Yacht-Club und seine Kieler Woche einen glänzenden Aufstieg zu weltweiter Bedeutung. Der erste Weltkrieg, an dessen Ende der Club total verarmt dastand, brachte einen tiefen Einschnitt. Dank unermüdlicher Hilfsbereitschaft aller Mitglieder und insbesondere der Förderung durch die Familie Krupp gewann der Club nicht nur ein neues Clubhaus, sondern langsam auch seine Bedeutung zurück. Ein Höhepunkt war für ihn die Aufgabe, die olympischen Segelspiele von 1936 zu organisieren. Nachdem dieses in aller Welt bewunderte Ereignis vorüber war, mußte der Kaiserliche

Das Clubemblem; daneben: Der Beginn der Kieler Woche 1914. Linke Seite: Der Clubsitz am Hindenburgufer und, unten, der Speiseraum.

Yacht-Club Anfang 1937 zwangsweise seinen Namen ablegen und sich, nunmehr in Gemeinschaft mit der ihm befreundeten Kieler Seglervereinigung, in Yacht-Club von Deutschland umbenennen. Acht Jahre später, am Ende des Zweiten Weltkriegs, war wiederum der Mitgliederbestand erschreckend dezimiert, das Vermögen samt der großen clubeigenen Flotte fast vollständig verloren, das allerdings erhalten gebliebene Clubhaus anderweitig besetzt.

Wiederum galt es, mit vereinten Kräften den Mitgliederbestand, die Flotte für die Jugend- und Ausbildungsarbeit, aus Trümmersteinen ein bescheidenes kleines Clubheim und nicht zuletzt die weltberühmte Kieler Woche wieder aufzubauen. Und wiederum trug die Solidarität alter und neuer Mitglieder und Förderer ihre Früchte: Mit dem neuen Namen Kieler Yacht-Club und den alten Initialen KYC hat der ehemals Kaiserliche Yacht-Club wieder seinen festen Platz unter den großen Yacht-Clubs der Welt einnehmen können. Schon seit vielen Jahren gilt die Kieler Woche, die heute alljährlich mehr als 1 500 Boote aus 35 bis 40 Nationen zum Wettkampf auf sieben verschiedenen Regattabahnen vereinigt, als das bedeutendste internationale Segelereignis und als Prüfstein für alle diejenigen Segler, die an Weltmeisterschaften oder olympischen Spielen teilnehmen wollen.

Mit der Organisation der olympischen Segelspiele von 1972 ist der KYC der einzige Club, der innerhalb von nur 36 Jahren zweimal dieses große Ereignis ausrichten durfte. Zahllose Welt-, Europa- und nationale Meisterschaften hat er in den letzten 40 Jahren auf seinem Revier durchgeführt, und berühmte Namen wie Straulino, Mankin, Elvstroem, Pattison sind ebenso in seinen Regattalisten zu finden wie in jeder Seglergeneration KYC-Mitglieder in aller Welt seglerischen Lorbeer erwerben konnten.

Den Roosevelt-Pokal, 1906 vom amerikanischen Präsidenten gestiftet, gewinnt heute der punktbeste Sieger aller sieben olympischen Klassen der Kieler Woche. Daneben: Auch im heutigen Clubgebäude erinnert der Kaisersaal an die glanzvolle Vergangenheit des Clubs. Rechte Seite, oben: Regatta auf der Kieler Förde; unten: Das im Clubhaus hängende Gemälde zeigt die Iduna, *die Yacht der deutschen Kaiserin in der Kieler Woche 1901; im Hintergrund die kaiserliche Yacht* Hohenzollern *sowie ein Depeschenboot.*

G
654
G-654
G-36
141

YACHT CLUB ITALIANO

Y.C.I.

Yacht Club Italiano

Als im 19. Jahrhundert in England und vielen anderen Ländern Europas zahlreiche Yachtclubs entstanden, konnte in Italien vom Wassersport, wie wir ihn heute kennen, noch nicht die Rede sein. Bis etwa 1870 fuhren nur einige wenige Boote auf den oberitalienischen Seen. Dann aber gewann der Wassersport vor allem in Neapel und in Genua immer mehr Anhänger. Vorreiter war der britische Konsul in Genua, Sir Yeats Brown, der sich den Kutter *Black Tulip* bauen ließ. Seinem Beispiel folgten andere bekannte Persönlichkeiten, darunter eine der großen Figuren des damaligen Yachtsports, Vittorio Augusto Vecchi, dem der Yacht Club Italiano seine Gründung verdankt.

Im Oktober 1879 fand die Gründungsversammlung des Yacht Club Italiano statt. Knapp ein Jahr später wurde die erste Regatta ausgetragen. Im darauffolgenden Jahr entstand ein weiterer „Klassiker", die Regatta Genua — Portofino — Genua, und 1897 wurde zum ersten Mal die heute noch berühmte Internationale Regattawoche in Genua veranstaltet.

Ludwig von Savoyen persönlich beehrte die Veranstalter durch seine Teilnahme. Er war ein hochbegabter und passionierter Segler und bewog König Umberto I., die Coppa Italiana als Preis auszusetzen. Für die italienische Seglerwelt gewann dieser Pokal eine große Bedeutung. In einer Serie von Regatten konnten sie sich mit den Franzosen messen, die ihrerseits Regatten um die Coupe de France veranstalteten.

Nach dem ersten Weltkrieg konnte sich ein Mitglied des Clubs unter den italienischen Seglern behaupten. Francesco Giovannelli, genannt Cesco, war Musiker, vor allem aber liebte er das Meer und die Schiffe. Ihnen widmete er sein Leben. Die Boote, die er entwarf, prägten seine Epoche, wie die 6-Meter-Yacht *Colibri,* die *Tada,* die *Bamba* oder auch die *Ea,* die 1921 dreiunddreißig Siege errang.

Das Gebäude des Yacht Club Italiano in den zwanziger Jahren; rechts: Nach der Bombardierung im zweiten Weltkrieg. Rechte Seite: Der Eingang des wieder aufgebauten Clubsitzes in Genua.

YACHT CLUB ITALIANO

Giovannelli war eine außergewöhnliche Persönlichkeit. Wer das Glück hatte, ihm zu begegnen, war stark beeindruckt und spricht heute noch voller Begeisterung von ihm.

Zwischen den beiden Weltkriegen war das Gedeihen des Yacht Club Italiano eng mit dem Namen des Marquis Paolo Pallavicino verbunden, der seit 1898 Mitglied und von 1949 bis 1958 Präsident war. Ihm verdankt der Club den Ausbau des kleinen Hafens Duca degli Abruzzi und einen neuen Clubsitz, der dem wachsenden Ansehen des Clubs eher entsprach. Die Einweihung des Clubgebäudes im Jahre 1929 fand in Gegenwart des Prinzen Umberto statt. Dieser herrliche Clubsitz gehört zu den wenigen, die ihren Mitgliedern einen Anleger direkt am Clubhaus bieten können. Während des Krieges wurde das Gebäude zweimal durch Bomben beschädigt und von den Deutschen besetzt.

In den dreißiger Jahren bemühte sich der Yacht Club Italiano in besonderem Maße um die Ausbildung des Nachwuchses und organisierte zahlreiche Regatten. Solches Engagement war zur damaligen Zeit selten.

Der größte Erfolg in der Geschichte des Clubs war die Goldmedaille der 8-Meter-Yacht *Italia* mit vier Clubmitgliedern als Besatzung bei den Olympischen Spielen 1936 in Kiel. Zur gleichen Zeit errang das Clubmitglied Max Oberti weitere Siege. Er nahm nicht nur in der 5,5-Meter-Klasse an den Olympischen Spielen 1928, 1932, 1936 und 1956 in Melbourne teil, sondern gewann mit seiner

Oben: Der Speisesaal des Clubs; nebenstehend: Die Coppa Italia, eine der ältesten Trophäen Italiens. Rechte Seite: Eingang und Terrasse des Clubgebäudes.

YACH

Twins etwa zehn Pokale, darunter die Coppa Italiana, die Coupe de France und den New-Old World Cup in Helsinki.

Nach dem zweiten Weltkrieg widmete sich der Club wieder besonders intensiv den segelsportlichen Aktivitäten. Die ersten Hochseeregatten, darunter die Giraglia, die seit 1952 veranstaltet wird und wohl die wichtigste Mittelmeerregatta ist, verdanken ihre Organisation weitgehend der Initiative von Bepe Croce, der 1958 Präsident des Clubs wurde. Seitdem ist sein Name von der Clubgeschichte und vom italienischen Yachtsport nicht mehr zu trennen. Beinahe dreißig Jahre lang war er Präsident der Federazione Italiana Vela und 1969 übernahm er das Präsidentenamt der International Yacht Racing Union. Dieses Amt wird alle vier Jahre vergeben — und seit der Gründung nie zuvor an einen nicht-britischen Segler.

Der Yacht Club Italiano versuchte wie alle bedeutenden großen Yacht Clubs der Welt auch 1987, den begehrten America's Cup zu gewinnen. Er trat in Fremantle mit der Herausforderin *Italia I* an. Diesmal war es eine Zwölfer-Yacht, entworfen von einem Technikerteam und ausgeführt unter Leitung des Studios Giorgetti und Magrini aus Mailand. Ihr Skipper war Aldo Migliaccio und ihr Steuermann Tomaso Chieffi, der 470er-Weltmeister von 1985. Doch der Cup fiel wieder an die Amerikaner.

Die Mannschaft der 8-Meter-Yacht Italia, *Gewinner der Goldmedaille bei den Olympischen Spielen in Kiel 1936; nebenstehend: Blazerabzeichen der Clubmitglieder. Rechte Seite: Die Zwölfer-Yacht* Italia, *die für den America's Cup 1987 entworfen wurde.*

Circolo de Remo e della Vela Italia

Im Golf von Neapel mit seinen buchtenreichen Küsten und einladenden Inseln fanden schon seit Ende des 19. Jahrhunderts regelmäßig wichtige Veranstaltungen des internationalen Segelsports statt, darunter die Olympischen Spiele.

Der berühmteste der neapolitanischen Segelclubs ist der heutige Circolo del Remo e Vela Italia, der 1946 aus wesentlich älteren Segelvereinigungen hervorging. Der besonders aktive Club veranstaltet die Regatta Tre Golfi, die seit dreißig Jahren ein Klassiker unter den Mittelmeerregatten ist. Der spektakuläre Start findet mitten in der Nacht statt. Ihm geht ein Fest voraus, bei dem heute noch die gesamte neapolitanische High Society anwesend ist. Zu den zahlreichen Verdiensten des Clubs zählt die besondere Aufmerksamkeit, die er den jugendlichen Seglern widmet. Daher ist es nicht verwunderlich, daß in Italien die meisten jungen Titelträger unter der Flagge des C.R.V.I. segeln. Das Goldene Buch des Clubs, n dem alle Ereignisse verzeichnet sind, beweist es: In den fünfziger Jahren erzielte der Club sieben italienische und europäische Meistertitel, in den sechziger Jahren waren es sogar neun. In den siebziger Jahren steigerte er sich ein weiteres Mal und brachte es auf etwa zwanzig nationale und internationale Siege. Dazu zählt auch die Glanzleistung Picchio Milones und Roberto Mottolas bei der Weltmeisterschaft der Tempest-Klasse auf dem Ontario-See.

In den frühen achtziger Jahren taten sich unter den jungen Mitgliedern des Clubs neue Talente hervor: Lamero, Dalla Vecchia und De Angelis gehören heute zu den bekanntesten Namen auf internationaler Ebene. Ein Glanzpunkt fehlt dem Club jedoch in seiner Geschichte: die Teilnahme am America's Cup. Einige seiner Mitglieder bereiteten sich zwar darauf vor, aber nicht unter den Farben des eigenen Clubs. Aldo Migliaccio, Weltmeister der Starklasse, nahm als Skipper für das Syndikat der *Italia* am Cup 87 teil, Francesco de Angelis, Europameister der Finn-Klasse und einer der besten Skipper Italiens, entschied sich für die *Azzurra.*

Der Clubsitz auf einer Postkarte zur Zeit seiner Gründung und, oben, der Club-Stander. Rechte Seite: Die Pier für Clubmitglieder in dem kleinen Hafen von Santa Lucia.

EXCELSIOR
LI 3354 D
QALFAT 3

R.C.N.B.

Real Club Náutico de Barcelona

Es ist kein Zufall, daß der Real Club Náutico de Barcelona, der bedeutendste Yacht-Club Spaniens, seinen Sitz in der Hauptstadt Kataloniens hat. Diese spanische Provinz war die erste, die durch den Karolinger-König Ludwig den Frommen im Jahre 801 von der Herrschaft der Mauren befreit wurde. Seit der Zeit hatte Barcelona durch seine vorherrschende Stellung in der wirtschaftlichen Geschichte des Landes Politik und Handel stets mehr oder minder stark beeinflußt. Natürlich bedeutet wirtschaftliche Vorherrschaft ebenfalls, daß die Stadt über eine starke Flotte verfügte und noch heute kann man am Ende der „Ramblas", direkt am Hafen, die „reales atarazanas" besichtigen, eine ehemalige Schiffswerft, die heute als Museum dient. Das Museum beherbergt einen naturgetreuen Nachbau der Galeere des Don Juan d'Austria, der die Schlacht von Lepanto gewann.

Gegenüber den „atarazanas" befinden sich die Kolumbus-Säule auf dem „Muelle de España" und das Clubgebäude des Real Club Náutico de Barcelona. Etwa hundert Meter weiter auf demselben Kai hat der Real Club Marítimo seinen Sitz. Die Nähe der Clubs zueinander symbolisiert zum einen die Geschichte des Segelns in Katalonien und zum anderen den Unabhängigkeitsdrang und das individualistische Wesen der Katalanen.

Verglichen mit den nordeuropäischen Ländern hielt der Segelsport in Spanien und insbesondere in Katalonien erst relativ spät, in der zweiten Hälfte des vergangenen Jahrhunderts, Einzug. Die zahlreichen Fahrten des Royal Yacht Squadron

König Juan Carlos, Clubmitglied und passionierter Segler.
Rechte Seite, oben: Die Bibliothek.
Unten: Kamin in einem Clubraum mit den Souvenirs, die Offiziere von Kriegsschiffen beim Besuch im Hafen überreicht haben.

und anderer englischer Clubs im Mittelmeer übten zweifellos einen entscheidenden Einfluß aus. Die Katalanen begeisterten sich mit großer Leidenschaft für den Segelsport und das Rudern. Zahlreiche Fischereiboot-Werften erhielten Aufträge für Kutter und Yachten, denn die geographische Lage Kataloniens und insbesondere Barcelonas ist für den Yachtsport recht günstig. Neben den Annehmlichkeiten des mediterranen Klimas bietet die Küste unzählige Häfen und Ankerplätze. Von Barcelona aus können verlockende Kreuzfahrten unternommen werden, die Balearen beispielsweise sind nur einige Bootsstunden entfernt.

Heute noch ist Barcelona Treffpunkt für die spanische Seglerwelt. Hier richtet der spanische Seglerbund regelmäßig Trainingslager für die Sportler der olympischen und internationalen Klassen ein.

Sehr rasch entstanden zahlreiche Wassersportclubs. José Maria Martinez Hidalgo, aufmerksamer Beobachter und Chronist des lokalen Wassersportgeschehens, berichtete in seinem Buch „Los Deportes Náuticos de Cataluña" von mindestens zwanzig Clubs, die zwischen 1870 und dem spanischen Bürgerkrieg bestanden. Einige von ihnen, so schreibt Hidalgo, überlebten nur kurze Zeit, andere wechselten beispielsweise vom Rudersport zum Segeln oder umgekehrt oder schlossen sich mit anderen Clubs zusammen. Die Beharrlichkeit, mit der sie ihre Ideen verteidigten und in die Tat umsetzten, spiegelt sich in der wechselvollen Geschichte des Real Club Náutico und des benachbarten Real Club Marítimo wider, die sich von 1902 bis 1908 sogar zusammengetan hatten.

Einer der zahlreichen Pokale, die vom Real Club Náutico als Preis ausgesetzt wurden. Linke Seite: Zwei Ansichten des Clubhauses, das direkt am Hafen von Barcelona liegt.

DEAD SLOW
SLOW
HALF

Der Vorgänger des Real Club Náutico ist der Club Catalan de Regatas, der 1879 von einer Gruppe passionierter Ruderer gegründet wurde. Sie richteten ihren Sitz zunächst auf dem Dampfer *Europa,* später auf der Brigg *Eugenia* ein, die beide am Kai vertäut waren. 1888 fügte der Club seinem Namen den Zusatz „Real" an. Der Club de Regatas, der 1881 unter dem Namen Club de Regatas de Barcelona gegründet worden war, tat es ihm gleich. Letzterer entstand auf Betreiben von José de Olano, Graf von Figols, der begeisterter Segler und Ruderer war. Ihm ist auch die erste Segelregatta in den Gewässern von Barcelona zu verdanken.

Auf Grund finanzieller Schwierigkeiten beschloß der Real Club Náutico im Jahre 1902, sich dem Real Club de Regatas anzuschließen. Eine der ersten Unternehmungen dieser neuen Vereinigung war ein Empfang anläßlich des Besuchs eines österreichischen Geschwaders im Hafen von Barcelona. Der österreichische Admiral revanchierte sich mit einer Einladung zu einem Cocktail an Bord des Kanonenboots *Monarch.* Nach diesen Festlichkeiten wurde eine Serie von Ruderregatten ausgetragen. Sie wurden von den Zuschauern, die auf einer eigens zu diesem Anlaß auf dem „Muelle" aufgebauten Tribüne saßen, mit Begeisterung verfolgt.

Noch heute wird die Besatzung von Kriegsschiffen auf solch traditionelle, herzliche Art empfangen. Offiziere aller Nationalitäten haben bei ihrem Besuch im Club Gedenkplaketten hinterlassen. Diese Erinnerungen haben einen Ehrenplatz über dem Kamin in einem der Räume des Real Club Náutico.

Der ehemalige Clubsitz des Real Club Marítimo, der sich für einige Jahre mit dem Real Club Náutico zusammengeschlossen hatte.
Linke Seite: Ein Maschinentelegraph an der Bar, die zur Clubterrasse führt.

REAL CLUB MARITIMO DE BARCELONA

Real Club Marítimo de Barcelona

Der Zusammenschluß der beiden Clubs wurde im Jahr 1904 offiziell anerkannt, als König Alfons XIII., traditionsgemäß mit Salutschüssen begrüßt, dem Club einen Besuch abstattete und ihm den Zusatz „Real" zugestand. Er war jedoch nicht von langer Dauer. Im Jahre 1909 mußte José de Olano, Graf von Figols, der bis zu jenem Zeitpunkt Präsident des neuen Clubs war, zurücktreten, nachdem er im neugewählten Vorstand keine Mehrheit mehr besaß. Wütend untersagte er den Mitgliedern den Zutritt zum Club unter dem Vorwand, man schulde ihm beträchtliche Summen an Miete für den schwimmenden Pavillon, dessen Eigentümer er war, und er begann einen Prozeß gegen den Club. Dieser enorme Skandal schlug hohe Wellen bis in die Madrider Presse. Er beruhte auf der Unvereinbarkeit der Gemüter der jungen hitzköpfigen Mitglieder des Real Club Náutico einerseits und der alten Garde andererseits. Erstere stiegen nämlich schneller ins Boot, wenn es ums Rudern ging, als daß sie ihr Portemonnaie zückten, wenn es um die Beiträge ging, während Letztere nur auf das Segeln schworen. Die Spaltung führte zu folgendem Resultat: Der Real Club Náutico bestand weiter unter der Leitung des Grafen von Figols, und der Real Club de Barcelona, jetzt Marítimo genannt, wurde von den „Rebellen" übernommen.

Im Laufe der Zeit nahmen die beiden Clubs sehr unterschiedliche Entwicklungen: Während im Náutico der Hochseesport unbedingten Vorrang hatte,

Der Tresorschrank des Real Club Marítimo mit einem Viermaster-Modell.
Linke Seite: Das Emblem des Clubs.

konzentrierte sich der „Marítimo“ in erster Linie auf das Rudern, obwohl einige Mitglieder sich auch bei Segelregatten der olympischen Klassen hervortaten. Im Real Club Marítimo ist das Katalanische die offizielle Sprache, auch das Buch über die Clubgeschichte ist auf Katalanisch abgefaßt. Im Real Club Náutico hingegen wird Spanisch gesprochen. Der Náutico besitzt eigene Kais für die Boote seiner Mitglieder und ist außerdem fest in der Segelwelt integriert: Seit seiner Gründung gehört er zu einem internationalen Komitee, das für den geordneten Ablauf der internationalen Regatten im Mittelmeer zuständig ist. In den Clubräumen des R.C.N. tagen in der Regel die verschiedenen technischen Ausschüsse der International Yacht Racing Union, und einige Mitglieder des Clubs sind bei Hochseeregatten aktiv. Unter ihnen ist José Cusi Ferret, Besitzer mehrerer Yachten mit dem Namen *Bribon,* mit denen König Juan Carlos an Regatten sowohl in Spanien als auch im Ausland teilnimmt.

Juan Carlos persönlich nahm von Prinz Karim Aga Khan eine der Trophäen entgegen, die beim Sardinia Cup 1984 ausgesetzt waren. Der spanische König hatte auf der *Bribon IV* teilgenommen, die danach an den italienischen Reeder Giorgio Falck verkauft wurde.

Obwohl der Real Club Marítimo stets für das Segeln Interesse zeigte, ist er dennoch überwiegend durch seine Siege bei Ruderregatten berühmt geworden. Rechte Seite, oben: Die Bibliothek; unten: Plakate aus der Zeit der Jahrhundertwende zur Ankündigung von Regatten.

REGATAS INTERNACIONALES
AL REMO
A BENEFICIO DEL ASILO NAVAL QUE SE
CELEBRARAN EN EL PUERTO DE BARCELONA
EL 22 DE JUNIO DE 1902
CAMPEONATO DE ESPAÑA COPA DE S.M.
PREMIOS DE S.S. A.A. R.R. LOS PRINCIPES
DE ASTURIAS Y LA INFANTA ISABEL.
PALCOS 15 PTAS ENTRADA GRAL Y DE PALCO 1 PTA

CAMPIONAT DE CATALUNYA DE REM
COPA · DEL · EXL.
PRESIDENT · DE · LA
MANCOMVNITAT
DE · CATALVNYA ·
7 · GENER · DE · 1917
CLUB · MAR
C · A · D · C · I
CENTRE AUTONOMISTA DE DEPENDENTS DEL C. I DE I.

MAYO 24 DE 1915
Grandes Regatas a Remo.
Campeonato de España Copa
de S. M. D. Alfonso XIII.

K.N.S.

Kongelig Norsk Seilforening

Der Kongelig Norsk Seilforening, der bedeutendste Yacht-Club Norwegens, hat seinen Sitz auf der Halbinsel Bygdoy im Oslofjord. Er hätte keinen besseren Standort haben können, da sich hier Museen befinden, die alle Bootstypen beherbergen, von ausgezeichnet erhaltenen Wikingerschiffen (darunter das Osebergschiff, das in einem Königsgrab gefunden wurde) bis zu mehreren Schiffen, mit denen Polarexpeditionen unternommen wurden.

Der Club wurde 1883 unter dem Namen Norsk Seilforening gegründet, als die Stadt Oslo sich noch Kristiania nannte. Ab dem Jahre 1903 durfte er sich „Königlich" nennen und bezog an der Mole von Dronningen einen reizvollen Holzbau, der aber vor dem Ersten Weltkrieg durch einen Brand zerstört wurde. Das Clubgebäude wurde an derselben Stelle im Stil der 30er Jahre wiederaufgebaut und hebt sich von der traditionellen norwegischen Architektur, die in Oslo vorherrscht, ab.

Bis 1970 fungierte der K.N.S. auch als nationaler Seglerverband, bevor eine selbständige Vereinigung ins Leben gerufen wurde, der der Osloer Club ebenso wie alle anderen norwegischen Yacht-Clubs angehören. Trotz dieser Umstrukturierung hat der K.N.S. heute noch die meisten Mitglieder und besitzt die größte Flotte: Ungefähr 5200 Mitglieder und 2200 Segel- und Motorboote. Er verfügt über einen kleinen Hafen mit 520 Liegeplätzen. Oslo ist eine der wenigen Hauptstädte, die einen Yachthafen im Herzen der Stadt vorzeigen können. Wie in allen nordischen Ländern ist die Segelsaison ziemlich kurz, doch den Mitgliedern des Clubs bleibt der Trost, ihre Boote nicht ins Winterlager bringen zu müssen, denn auf dem Grund des Hafens wurde ein Rohrsystem verlegt, aus dem ständig kleine Luftblasen aufsteigen und das Gefrieren der Wasseroberfläche verhindern.

Die Porträts der Könige Olaf und Haacon (rechts), beide Gründungsmitglieder des Clubs. Linke Seite: Die Eisenkrone, die den Clubeingang ziert. Nächste Doppelseite: Der Clubsitz auf der Halbinsel Bygdoy im Oslofjord.

BERGE VIKING

NORGE

Der Club hat eines der besten Restaurants der Stadt und besitzt eine beachtliche Sammlung an Trophäen, darunter den massiven Kattegat-Pokal, um den die Yacht-Clubs von Oslo, Göteborg und Kopenhagen alljährlich segeln. Diese Regatta gehört zu den Klassikern in Skandinavien.

Die Königliche Familie Norwegens geht beim K.N.S. ein und aus und hat ihn immer schon protegiert. Die Yacht *Norge* von König Olaf V. ankert regelmäßig vor Dronningen, wenn sie nicht auf Fahrt ist. Der Kronprinz Harald war von 1965 bis 1969 Kommodore der K.N.S., vier Jahre lang also, und somit die längste von der Satzung vorgesehene Zeit. Der hochbegabte Segler nahm 1986 an einem intensiven Training an Bord des Eintonners *Fram* teil, um sich auf den Eintonner-Cup auf den Balearen vorzubereiten. Nach jeder Trainingsstunde erwartete ihn am Clubausgang sein Chauffeur am Steuer eines Bentley. Jedesmal mußte er sich einen Weg durch die Menge bahnen, die zusammengekommen war, um den Prinzen zu sehen.

Zahlreiche begeisterte Hochseesegler zählen zu den Mitgliedern des K.N.S. Zu ihnen gehört Peter Lunde, Skipper der *Berge Viking*, die 1981/82 an der Regatta „Um die Welt" teilnahm und sich unter Berücksichtigung der Zeitvergütung an achter Stelle placieren konnte. Der bekannte Schiffskonstrukteur Colin Archer war von 1889 bis 1903 Kommodore des Clubs. Er wurde berühmt durch seine moderne Version des typischen nordischen Bootes. Bis zum Ende des vergangenen Jahrhunderts noch fuhren die norwegischen Fischer selbst im härtesten Winter in Schiffen aufs Meer hinaus, die denen der Wikinger ähnelten und mit

Der Sitzungssaal.
Linke Seite, oben: Teilansicht des Raumes, in dem die Modelle ausgestellt sind;
unten: Die königliche Yacht Norge, *die häufig vor dem Club ankert.*

K.N.S.

denen schon Leif Erikson lange vor Kolumbus an der amerikanischen Küste gelandet war. Diese schönen und sehr ästhetischen Boote waren allerdings nicht besonders seetüchtig. Colin Archer wurde daher vom norwegischen Fischereiminister beauftragt, einen Seenot-Rettungssegler zu entwerfen, der mit einem Höchstmaß an Sicherheit dem Meer zu trotzen vermochte. So schuf er 1909 das Colin-Archer-Boot, dessen Form sich auch bei zahlreichen Yachten bewährte und zum Klassiker wurde. Es erwies sich als besonders geeignet für Lotsen, die Segelschiffe in den Hafen bringen mußten. Weder war es besonders schnell noch sehr komfortabel, es erinnerte aber an die zur maritimen Tradition Norwegens gehörenden Wikingerschiffe. Noch heute werden zahlreiche Boote dieses Typs gebaut, von denen einige am Anleger des K.N.S. zu bewundern sind.

Die Königliche Familie im Jahre 1933
während der Jubiläumsfeier des Clubs.
Linke Seite: Das Clubwappen auf einem Fenster.

R.O.R.C.

Royal Ocean Racing Club

Im Laufe der rund hundert Jahre, die seit der Gründung des Squadron und des Thames vergangen waren, hatte sich in der Seglerwelt einiges geändert. So waren es keine eleganten Gentlemen mehr, die im August 1925 den Royal Ocean Racing Club gründeten, sondern vier „wetterfeste" Skipper in Öljacken.

Im selben Jahr wurde auch das Fastnet-Rennen eingeführt, das wichtigste Hochseerennen Europas, das seitdem in jedem zweiten Jahr, das mit ungerader Zahl endet, (in geradzahligen Jahren wird das Bermuda-Rennen ausgesegelt) stattfindet. Der dreieckig angelegte Kurs beginnt in Cowes, führt von dort zum Fastnet-Felsen in Südirland und hat Plymouth zum Ziel. Das erste Fastnet-Rennen war ein voller Erfolg: Den Crews der sieben Boote, die an der Wettfahrt über 600 Seemeilen teilgenommen hatten, wurde ein jubelnder Empfang bereitet, wie man es bisher noch bei keiner Regatta erlebt hatte. Auf der Welle der Begeisterung und sozusagen auf Wunsch der Öffentlichkeit kam es zur Gründung des Ocean Racing Clubs. Die Gründung des Clubs war gleichzeitig die Geburtsstunde der Hochseeregatten, „der beste Sport für einen Mann, da er sämtliche Eigenschaften eines echten Sportlers beansprucht: Beherrschung der Technik, Mut, Ausdauer". Dieses Zitat stammt von Weston Martyr, einem Pionier des Hochseesegelns, Initiator des Fastnet-Rennens und erster Kommodore des Clubs, dessen Gründung er in einem Artikel wie folgt beschreibt: „Nach der Regatta wurde eine

Weston Martyr, Gründer des R.O.R.C. und Pionier der Hochseeregatten. Linke Seite, oben: Kaminecke in der Bibliothek; unten: Die Bar. Folgende Doppelseite: Eingang zum Fastnet Room, der als Bibliothek dient. Seite 163: Der Admiral's Cup, die begehrteste Trophäe in der Seglerwelt.

FASTNET R

R.O.R.C.

Versammlung einberufen, noch während das letzte Boot auf See war. Die meisten Crews waren anwesend. Die Gründung eines Yacht-Clubs, der sich ausschließlich den Hochseeregatten widmen wird, war schon seit einiger Zeit in Erwägung gezogen worden. Es wurde beschlossen, den Ocean Racing Club zu gründen, um jedes Jahr die Fastnet-Regatta zu veranstalten. Wer im Club aufgenommen werden wollte, mußte mindestens einmal an diesem Rennen teilgenommen haben. Wir stellten außerdem unsere eigenen Regeln über die Tonnage auf, um die Vermessung jedes einzelnen Bootes festzulegen. Ich erinnere mich noch, wie Georges Martin, der Besitzer der *Jolie Brise*, die das Rennen gerade gewonnen hatte, meinte, es werde in Zukunft sicherlich Boote geben, die speziell für das Fastnet-Rennen entworfen und gebaut würden. Ein anderer Anwesender behauptete, die Gründung unseres Clubs würde mit Sicherheit das Ereignis des Jahres in der Seglerwelt sein. Wir alle waren überzeugt davon, daß unsere Mitgliederzahl sehr bald die Tausend überschreiten würde, und daß der Ocean Racing Club zweifellos in Kürze „Royal" Ocean Racing Club heißen würde."

Diese Prophezeiungen wurden Wirklichkeit. Das Königshaus erkannte am 5. November 1931 den Club offiziell an, und der heutige Londoner Clubsitz am St. James Place Nr. 20 ist zur Hochburg der Hochseesegler in der ganzen Welt geworden. Der R.O.R.C. zählt heute mehr als dreitausend Mitglieder, davon 70 Prozent Ausländer.

Die Anfänge waren allerdings nicht so einfach, wie es sich die Gründer gewünscht hatten. Das Fastnet-Rennen im Jahre 1927 machte seinem Ruf alle Ehre: Ein schwerer Sturm zwang dreizehn der fünfzehn teilnehmenden Boote zur Aufgabe. Die Gegner der Hochseeregatten im allgemeinen und des Fastnet-Rennens im besonderen ließen verlauten, daß es nichts mehr mit Sport zu tun habe, sondern purer Wahnsinn sei, wenn die Segler nur eines Cups wegen ihr Leben aufs Spiel setzen. Im darauffolgenden Jahr wurde die Kritik immer heftiger, als der amerikanische Hochseesegler Sherman Hoyt am Ruder der *Nina* die Fastnet-Regatta gewann. Ihm warf man mangelnden Sportsgeist und eine zu

Die Clubkrawatte und das Emblem des R.O.R.C. ziert ein Seepferdchen. Linke Seite: Der Clubeingang, am St. James Place Nr. 20, im Herzen Londons.

profihafte Haltung während der Regatta vor. Aber anstatt mit den Wölfen zu heulen, beglückwünschte ihn der R.O.R.C. öffentlich, ernannte ihn zum Rear Commodore des Clubs und versicherte, daß die Einstellung, mit der der Amerikaner sich auf die Hochseeregatta vorbereitet hatte, in England Schule machen würde. Damals büßte der Club die Sympathien vieler englischer Yachtmen ein, stellte jedoch im gleichen Jahr seine Energie unter Beweis, indem er eine neue Regatta ausrichtete, die heute ebenfalls zu den Klassikern zählt: das Channel Race, von Cowes nach Cherbourg und zurück.

Ein Jahr später wurde die Cowes—Santander veranstaltet, eine Regatta, bei der der Zielort zum ersten Mal eine ausländische Hafenstadt war. Diese Regatta erwies sich als ein Erfolg ohnegleichen, der das Ansehen des Clubs festigte. Ein Ansehen, das bereits durch die zweifache Schirmherrschaft der Königin von England und des Königs von Spanien gleichermaßen bestätigt worden war. Die Queen setzte einen Pokal für den Sieger in der Klasse der kleineren Boote aus, und der spanische König stiftete den Preis für den Gewinner in der höchsten Klasse. Zusätzlich wurde den Siegern eine Summe von insgesamt neunhundertfünfzig Pfund Sterling ausgezahlt. Ein Drittel erhielt dabei die Mannschaft des Bootes, das ohne Berücksichtigung der Zeitvergütung das Ziel in der absolut kürzesten Zeit erreichte. Im Laufe der Jahre nahm die Zahl der vom R.O.R.C. veranstalteten Regatten ständig zu. Gegen Ende der 30er Jahre hatte der Club bereits sechshundert Mitglieder. 1936 zog er von seinem ersten Sitz in der Burlington Street Nr. 3 zum Pall Mall Place und 1940, nachdem das dortige Gebäude im Krieg Bombenschäden erlitten hatte, in seinen heutigen Sitz am St. James Place Nr. 20. Ungeachtet der räumlichen Veränderungen blieb der Club den Grundsätzen seines Gründers, Weston Martyr, treu. Wer die Aufnahme in den Club beantragt, muß auch heute noch eine beachtliche Seglerlaufbahn vorweisen und mindestens einmal am Fastnet-Rennen teilgenommen haben. Der Club veranstaltet und leitet weiterhin wichtige Ereignisse in der Seglerwelt, wie den Admiral's Cup und das Rennen „Um die Welt“. Vor allem aber gilt das Engagement des Clubs der Förderung des Segelsports. Dem R.O.R.C. und seinem amerikanischen Pendant, dem Cruising Club of America, sind zwei grundsätzliche Maßnahmen zu verdanken: Sie führten Sicherheitsvorschriften und das Handicap-System bei Regatten ein.

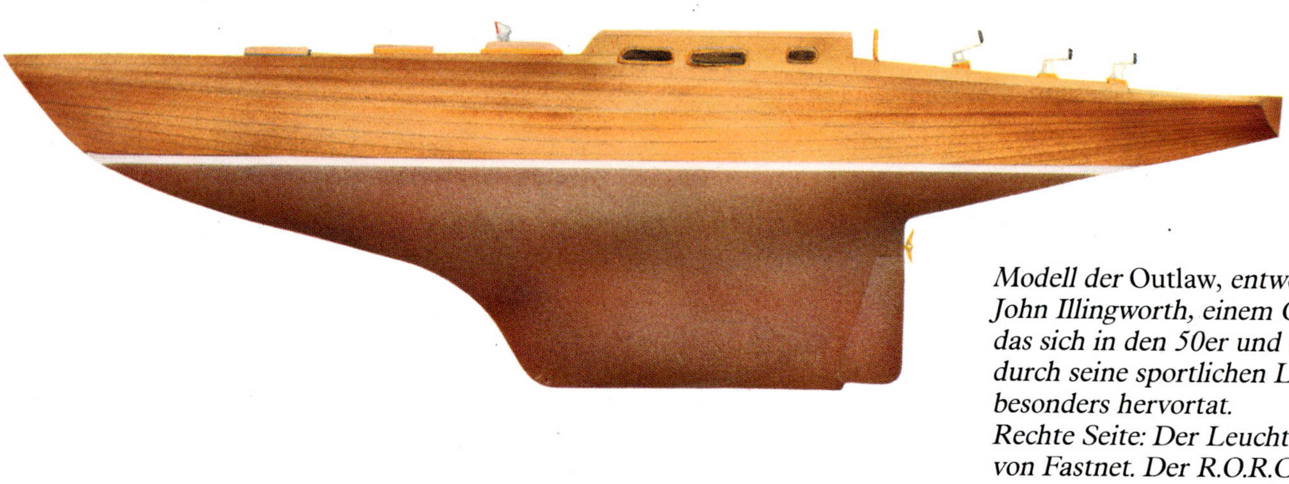

Modell der Outlaw, *entworfen von John Illingworth, einem Clubmitglied, das sich in den 50er und 60er Jahren durch seine sportlichen Leistungen besonders hervortat.*
Rechte Seite: Der Leuchtturm am Felsen von Fastnet. Der R.O.R.C. wurde gegründet, um regelmäßig die weltberühmte Regatta gleichen Namens zu veranstalten.

I-9383

Y.C.C.S.

Yacht Club Costa Smeralda

YACHT CLUB COSTA SMERALDA

Porto Cervo ist allgemein bekannt als die Perle der Costa Smeralda, wo sich der internationale Jet-Set ein Stelldichein gibt. Wer aber das Meer liebt, schätzt diesen Ort eher wegen seiner für Segelregatten idealen und beinahe einzigartigen Bedingungen.

Der Yacht Club Costa Smeralda liegt inmitten eines modernen und attraktiven Touristenzentrums und ist der jüngste, wohl aber auch der dynamischste unter den Yacht-Clubs, die in diesem Buch behandelt wurden. In weniger als zwanzig Jahren hat der Verein verschiedene berühmte Regatten, wie zum Beispiel die Settimana delle Bocche, den Eintonner-Cup und den Sardinia Cup gefördert, finanziert, organisiert und ausgetragen. Außerdem hat er den ersten italienischen Herausforderer beim America's Cup und bei der Zwölfer-Weltmeisterschaft, die *Azzurra,* gesponsert. Der Royal Perth Yacht Club, der den America's Cup 1987 organisierte, hat sogar den Y.C.C.S. unter der Vielzahl von Herausforderern als „Challenger of Record" auserwählt. Somit fungierte er als Mittler zwischen dem Cupverteidiger und den übrigen Herausforderern. Er trug die Verantwortung für die Organisation der Vorausscheidungen in den australischen Gewässern. Innerhalb von drei Monaten fanden dreihundert Qualifikationsrennen statt, die von der gesamten Seglerwelt mit größter Aufmerksamkeit verfolgt wurden. Solche Verantwortung konnte nur einem Club übertragen werden, der seine Kompetenz und sein Organisationstalent bereits unter Beweis gestellt hatte. Diese Fähigkeiten verdankt der Club dem technischen Know-how und der geschickten

Karim Aga Khan, Präsident des Clubs, überreicht dem Skipper König Juan Carlos die Trophäe, die dieser mit der Bribon *1984 beim Sardinia Cup gewonnen hat. Linke Seite: Eingang des Clubs in der Marina von Porto Cervo.*

PR-Arbeit seines Kommodore, des Kommandanten Gianfranco Alberini. Ein Club wie der Y.C.C.S., der eine Vereinsgeschichte vorzuweisen hat, um die ihn manche der sehr viel älteren Clubs beneiden könnten, ist an die Respektierung der angelsächsischen Tradition nicht gebunden. Es gilt im Gegenteil heute als „in", sich nicht daran zu halten. Die hochmoderne Inneneinrichtung der Clubresidenz wurde von dem französischen Architekten Michel Boyer gestaltet. Anstelle der gewohnten Nüchternheit findet man dort frische Farben vor, die Polstermöbel sind nicht mit Leder, sondern mit Stoff bezogen.

Durch eine getönte Glastür, in der sich die Boote am Kai widerspiegeln, betritt man den Club. In der Eingangshalle hängt eine übergroße Grafik, die die Clubflagge darstellt: Eine rote Raute mit weißem Rand auf blauem Grund. Auf der Terrasse der ersten Etage wurde ein Swimmingpool angelegt. Der Club mußte vor einiger Zeit ausgebaut werden (vornehmlich die Bar und das Restaurant), da er die ständig steigende Zahl der Mitglieder und Gäste nicht mehr aufnehmen konnte. Zusätzlich wird demnächst in der Nähe des Clubs ein Gästehaus gebaut.

Unter den Mitgliedern finden sich bekannte Namen der Finanzwelt neben den Champions der Küsten- und Hochseeregatten, wie z. B. Rothschild, Agnelli, Bassani, DellaValle.

Unter dem Stander des Clubs fahren so berühmte Yachten wie die *Croce del Sud,* ein herrlicher Dreimaster, der am Hauptkai des Hafens liegt, und die Yacht Aga Khans, der Präsident des Yacht Club Costa Smeralda ist. Noch vor kurzer Zeit besaß der Club ein Schiff, das seinen Namen trug, den Zweitonner *Smeralda I,*

Der Speisesaal.
Rechte Seite, oben: Der übergroße Stander des Clubs in der Eingangshalle;
unten: Einer der Aufenthaltsräume.
Folgende Doppelseite: Der Swimmingpool und die Terrasse des Clubs.

den der Konstrukteur Peterson entworfen hatte und den der Club auf Initiative einiger Mitglieder bauen ließ.

Die Herausforderung der *Azzurra* beim America's Cup 1983 — die erste einer italienischen Yacht überhaupt — wurde vom Yacht Club Costa Smeralda und seinem Syndikat organisiert. Ganz Italien verfolgte die Ereignisse um den Cup mit dem gleichen Enthusiasmus wie eine Fußballweltmeisterschaft. Die *Azzurra* schnitt nicht allzu gut ab, doch 1987 waren die Italiener wieder mit vollem Einsatz dabei. Die Welt des America's Cup hatte Werbung und Promotion neue Möglichkeiten eröffnet, und es fand sich eine beachtliche Zahl von Sponsoren, die beträchtliche Summen investierten. 1987 schickte der Yacht Club Costa Smeralda einen Neubau, die *Azzurra III,* nach Australien. Sie konnte den Erfolg der ersten *Azzurra* nicht erreichen.

Viele Persönlichkeiten des internationalen Segelsports gehören zu den Gästen des Clubs, vornehmlich im August und im September, wenn die großen Regatten starten. Als nächstes Projekt hat der Yacht Club Costa Smeralda geplant, seiner Segelschule eine Abteilung anzugliedern, die auf das Training für Hochseeregatten spezialisiert ist und in der nur Profis unterrichten. Es wird eine Art „Universität" sein, in der Segler eine Kunst erlernen sollen, die bislang meistens auf Instinkt und Erfahrung beruhte, selten aber auf einer fundierten Ausbildung.

Der Y.C.C.S. ist ein moderner und dynamischer Club, der sich nicht auf seinen Lorbeeren ausruht, sondern bewußt in die Zukunft schaut. Dank seiner perfekten Organisation und seinem ausgezeichneten Aufbau ist der Club imstande, selbst die anspruchsvollsten Segler zufriedenzustellen.

Das Clubmitglied Giovanni Agnelli am Ruder der Zwölfer-Yacht Azzurra, *die unter der Flagge des Clubs fährt. Linke Seite: Die* Azzurra *in den australischen Gewässern.*

Anhang

FLAGGEN UND STANDER DER WICHTIGSTEN YACHTCLUBS DER WELT

Mit Genehmigung der Lloyd's Register of Shipping veröffentlichen wir die Flaggen und Stander der wichtigsten Segelvereine und Yacht-Clubs der Welt, von denen die meisten den Ländern des Commonwealth angehören.

Die recheckigen Flaggen werden an den Clubgebäuden gehißt, während die dreieckigen Stander an den Spitzen der Schiffsmasten wehen.

An der korrekten Position der Stander unterscheidet man den Yachtman vom Laienskipper. Dazu muß man natürlich den Flaggencode kennen und richtig anwenden. Der Stander des Clubs muß an der Spitze des Hauptmastes wehen. Wenn das Hissen durch starken Wind erschwert wird, kann der Stander auch an der Saling festgemacht werden. Die Reedereiflagge muß an steuerbord befestigt werden, wenn das Schiff in eigenen Hoheitsgewässern fährt, dagegen an backbord, wenn es in extraterritorialen (fremden) Gewässern fährt. Denn in diesem Fall wird an steuerbord die Flagge des besuchten Landes gesetzt. Wenn der Eigner nicht an Bord ist, muß seine Flagge eingeholt werden.

Keine Flagge darf ohne die Nationalflagge, die stets größer sein muß als alle übrigen Flaggen, gehißt werden. Auf See muß sie bei Tagesanbruch gesetzt werden, und beim Anlaufen oder Verlassen eines Hafens immer. Wenn ein Boot in einem fremden Hafen vor Anker liegt, muß die Nationalflagge um acht Uhr gesetzt und bei Sonnenuntergang wieder eingeholt werden. Die Flaggengala schließlich, bei der alle Flaggen mit Ausnahme der Nationalflagge und der Clubflagge aneinandergereiht werden, wird an nationalen Feiertagen oder bei besonders wichtigen Ereignissen, allerdings nur im Hafen oder an Ankerplätzen, gesetzt.

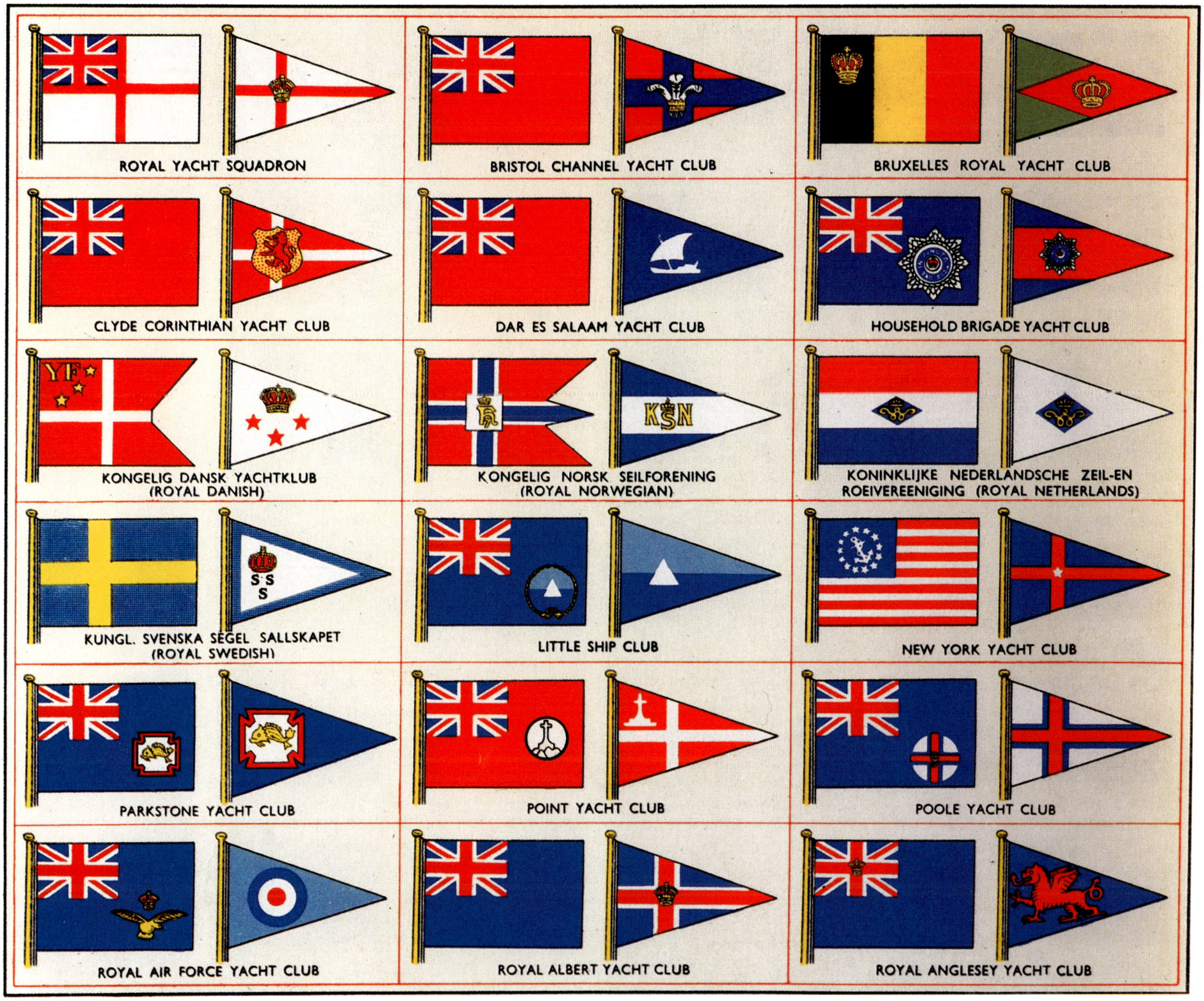
YF
KSN
S S S
ROYAL YACHT SQUADRON
BRISTOL CHANNEL YACHT CLUB
BRUXELLES ROYAL YACHT CLUB
CLYDE CORINTHIAN YACHT CLUB
DAR ES SALAAM YACHT CLUB
HOUSEHOLD BRIGADE YACHT CLUB
KONGELIG DANSK YACHTKLUB (ROYAL DANISH)
KONGELIG NORSK SEILFORENING (ROYAL NORWEGIAN)
KONINKLIJKE NEDERLANDSCHE ZEIL-EN ROEIVEREENIGING (ROYAL NETHERLANDS)
KUNGL. SVENSKA SEGEL SALLSKAPET (ROYAL SWEDISH)
LITTLE SHIP CLUB
NEW YORK YACHT CLUB
PARKSTONE YACHT CLUB
POINT YACHT CLUB
POOLE YACHT CLUB
ROYAL AIR FORCE YACHT CLUB
ROYAL ALBERT YACHT CLUB
ROYAL ANGLESEY YACHT CLUB

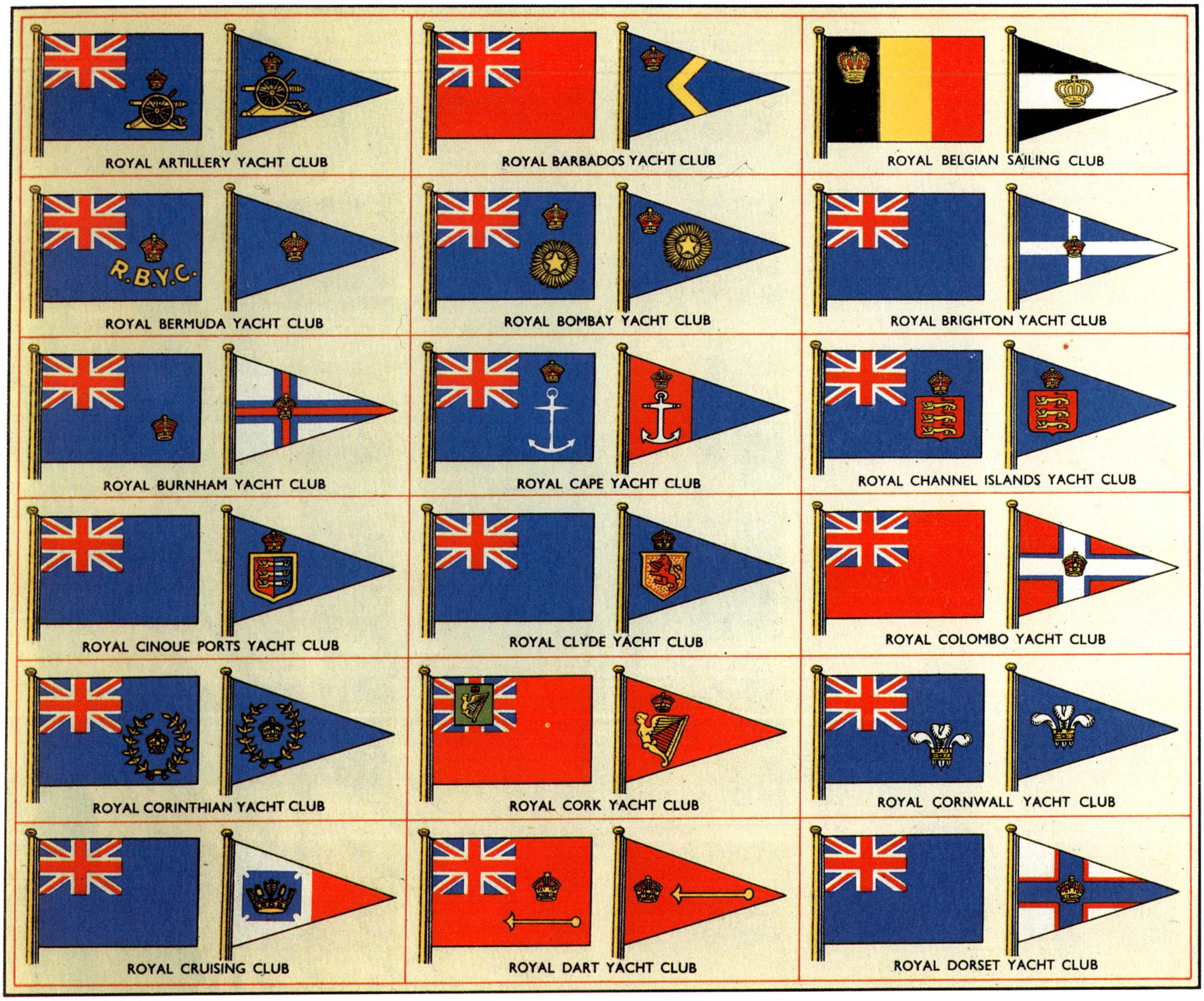
ROYAL ARTILLERY YACHT CLUB
ROYAL BARBADOS YACHT CLUB
ROYAL BELGIAN SAILING CLUB
R.B.Y.C.
ROYAL BERMUDA YACHT CLUB
ROYAL BOMBAY YACHT CLUB
ROYAL BRIGHTON YACHT CLUB
ROYAL BURNHAM YACHT CLUB
ROYAL CAPE YACHT CLUB
ROYAL CHANNEL ISLANDS YACHT CLUB
ROYAL CINOUE PORTS YACHT CLUB
ROYAL CLYDE YACHT CLUB
ROYAL COLOMBO YACHT CLUB
ROYAL CORINTHIAN YACHT CLUB
ROYAL CORK YACHT CLUB
ROYAL CORNWALL YACHT CLUB
ROYAL CRUISING CLUB
ROYAL DART YACHT CLUB
ROYAL DORSET YACHT CLUB

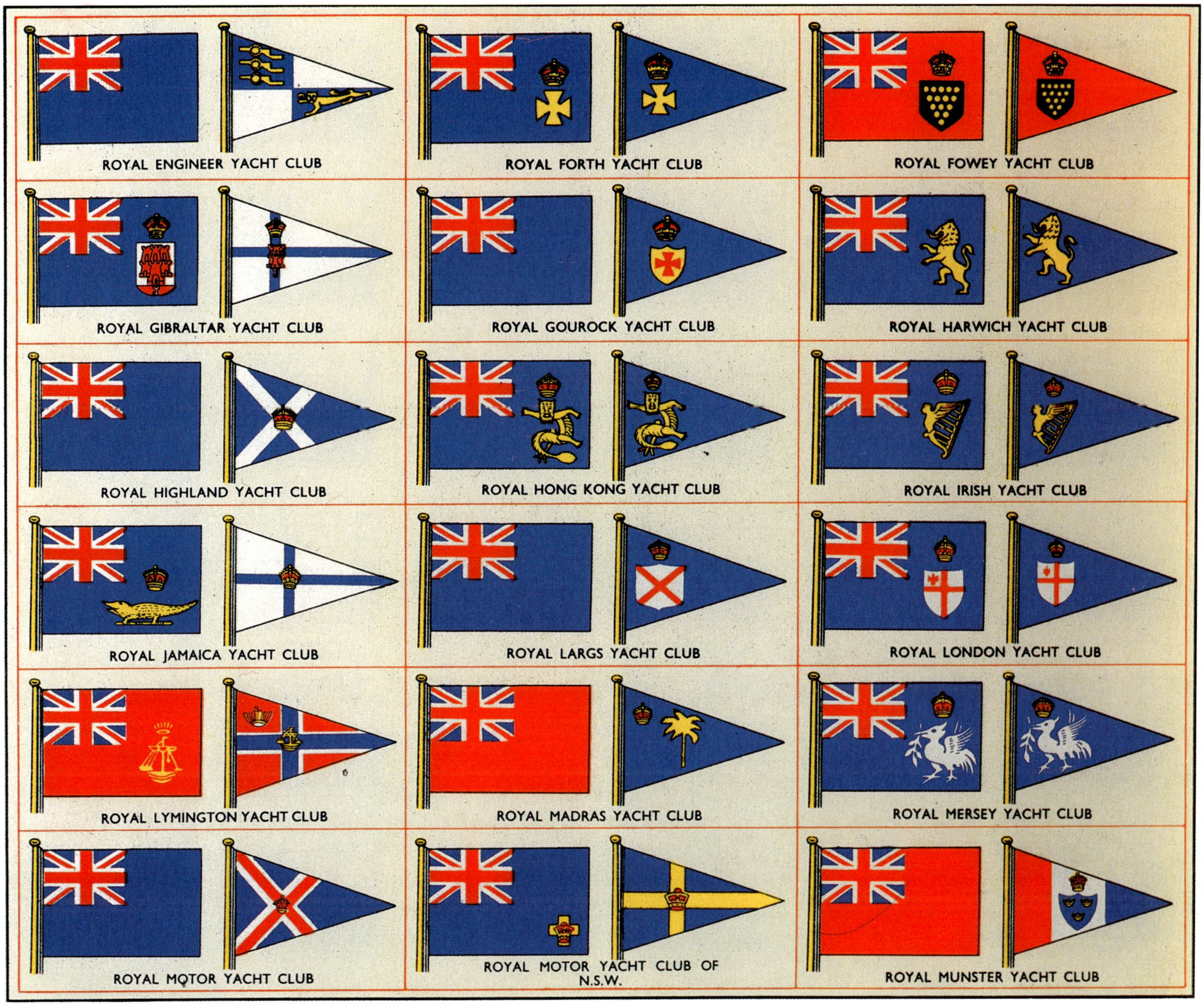

ROYAL ENGINEER YACHT CLUB
ROYAL FORTH YACHT CLUB
ROYAL FOWEY YACHT CLUB
ROYAL GIBRALTAR YACHT CLUB
ROYAL GOUROCK YACHT CLUB
ROYAL HARWICH YACHT CLUB
ROYAL HIGHLAND YACHT CLUB
ROYAL HONG KONG YACHT CLUB
ROYAL IRISH YACHT CLUB
ROYAL JAMAICA YACHT CLUB
ROYAL LARGS YACHT CLUB
ROYAL LONDON YACHT CLUB
ROYAL LYMINGTON YACHT CLUB
ROYAL MADRAS YACHT CLUB
ROYAL MERSEY YACHT CLUB
ROYAL MOTOR YACHT CLUB
ROYAL MOTOR YACHT CLUB OF N.S.W.
ROYAL MUNSTER YACHT CLUB

Anhang

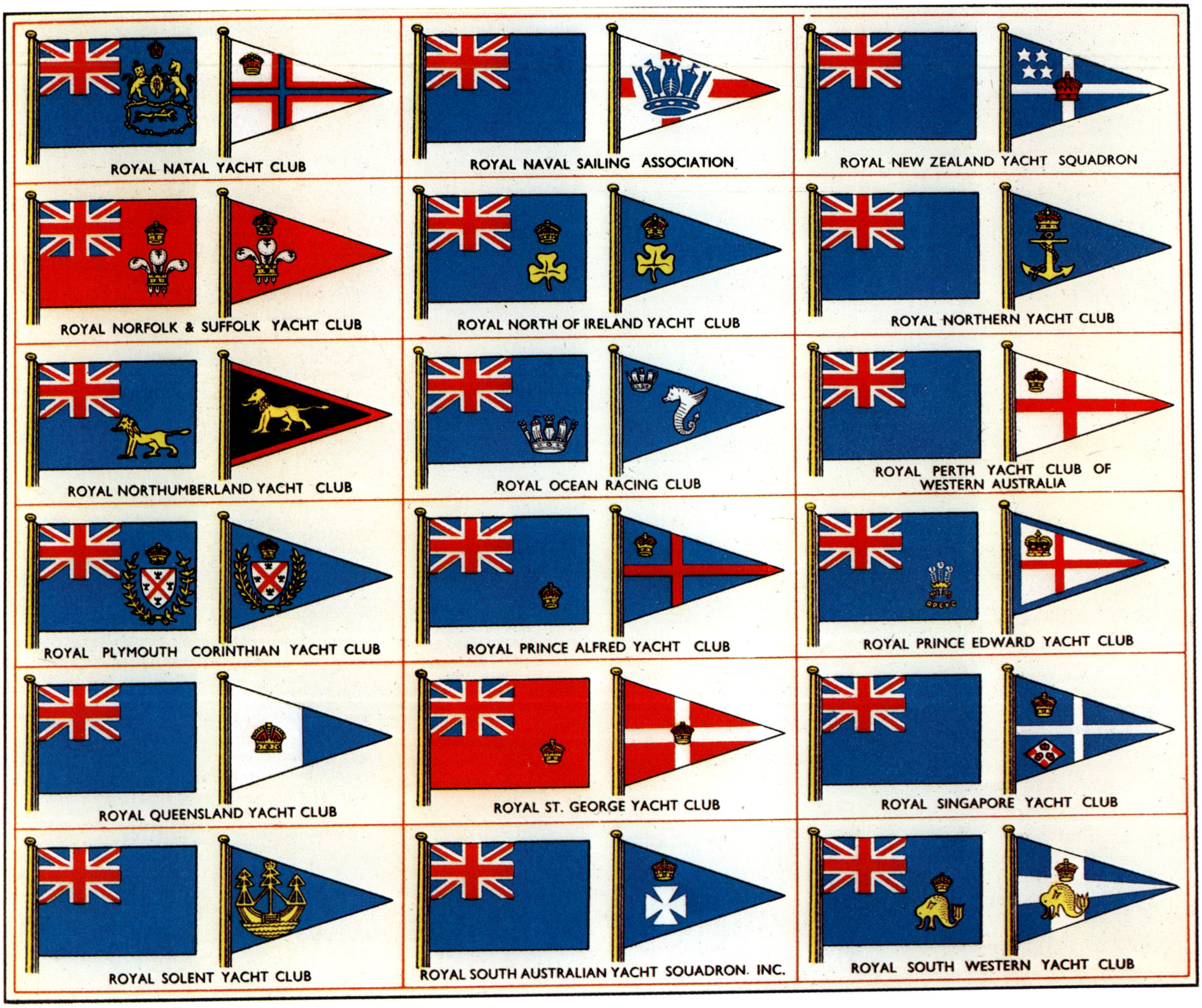
ROYAL NATAL YACHT CLUB
ROYAL NAVAL SAILING ASSOCIATION
ROYAL NEW ZEALAND YACHT SQUADRON
ROYAL NORFOLK & SUFFOLK YACHT CLUB
ROYAL NORTH OF IRELAND YACHT CLUB
ROYAL NORTHERN YACHT CLUB
ROYAL NORTHUMBERLAND YACHT CLUB
ROYAL OCEAN RACING CLUB
ROYAL PERTH YACHT CLUB OF WESTERN AUSTRALIA
ROYAL PLYMOUTH CORINTHIAN YACHT CLUB
ROYAL PRINCE ALFRED YACHT CLUB
ROYAL PRINCE EDWARD YACHT CLUB
ROYAL QUEENSLAND YACHT CLUB
ROYAL ST. GEORGE YACHT CLUB
ROYAL SINGAPORE YACHT CLUB
ROYAL SOLENT YACHT CLUB
ROYAL SOUTH AUSTRALIAN YACHT SQUADRON. INC.
ROYAL SOUTH WESTERN YACHT CLUB

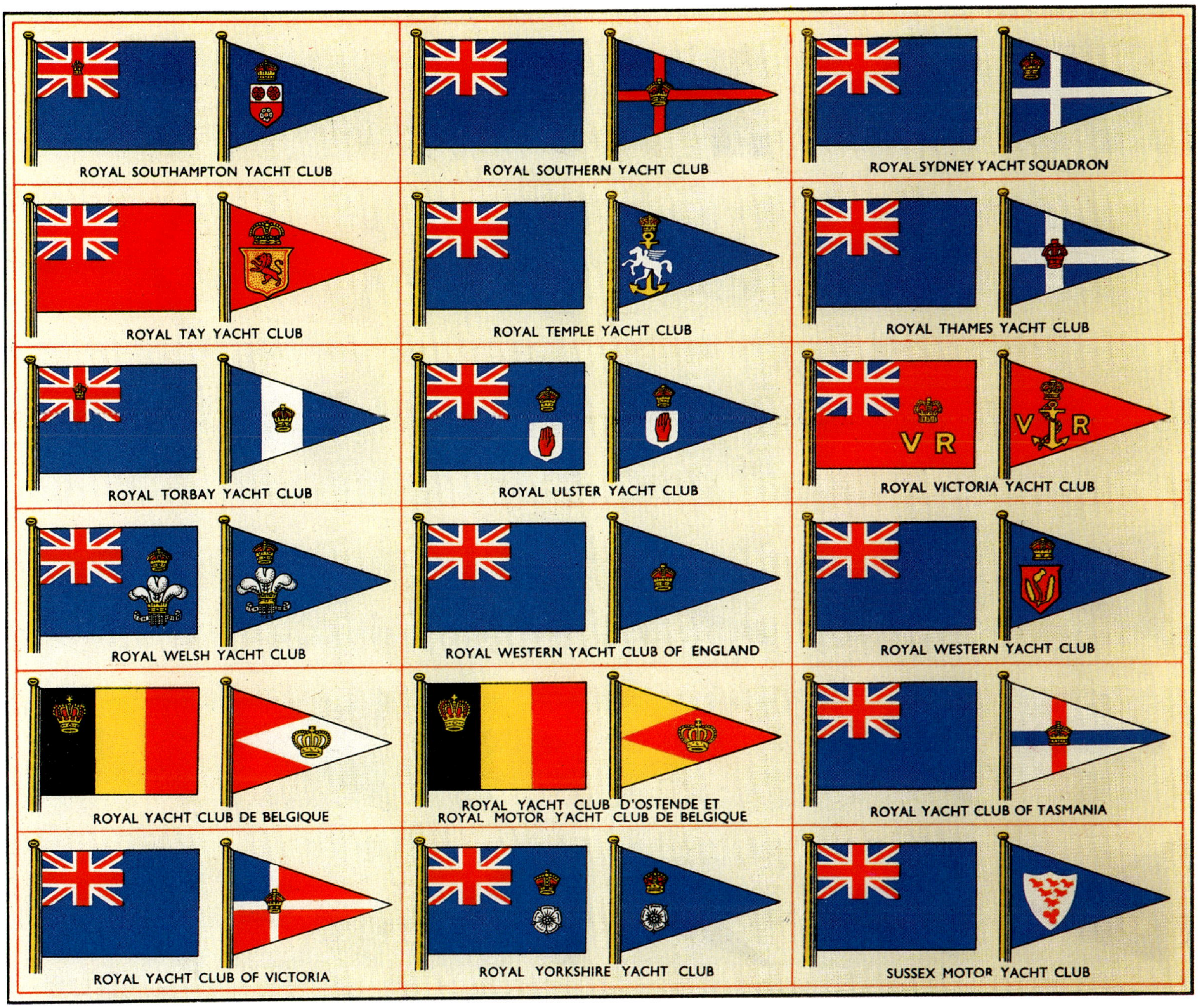
ROYAL SOUTHAMPTON YACHT CLUB
ROYAL SOUTHERN YACHT CLUB
ROYAL SYDNEY YACHT SQUADRON
ROYAL TAY YACHT CLUB
ROYAL TEMPLE YACHT CLUB
ROYAL THAMES YACHT CLUB
ROYAL TORBAY YACHT CLUB
ROYAL ULSTER YACHT CLUB
V R
V R
ROYAL VICTORIA YACHT CLUB
ROYAL WELSH YACHT CLUB
ROYAL WESTERN YACHT CLUB OF ENGLAND
ROYAL WESTERN YACHT CLUB
ROYAL YACHT CLUB DE BELGIQUE
ROYAL YACHT CLUB D'OSTENDE ET
ROYAL MOTOR YACHT CLUB DE BELGIQUE
ROYAL YACHT CLUB OF TASMANIA
ROYAL YACHT CLUB OF VICTORIA
ROYAL YORKSHIRE YACHT CLUB
SUSSEX MOTOR YACHT CLUB

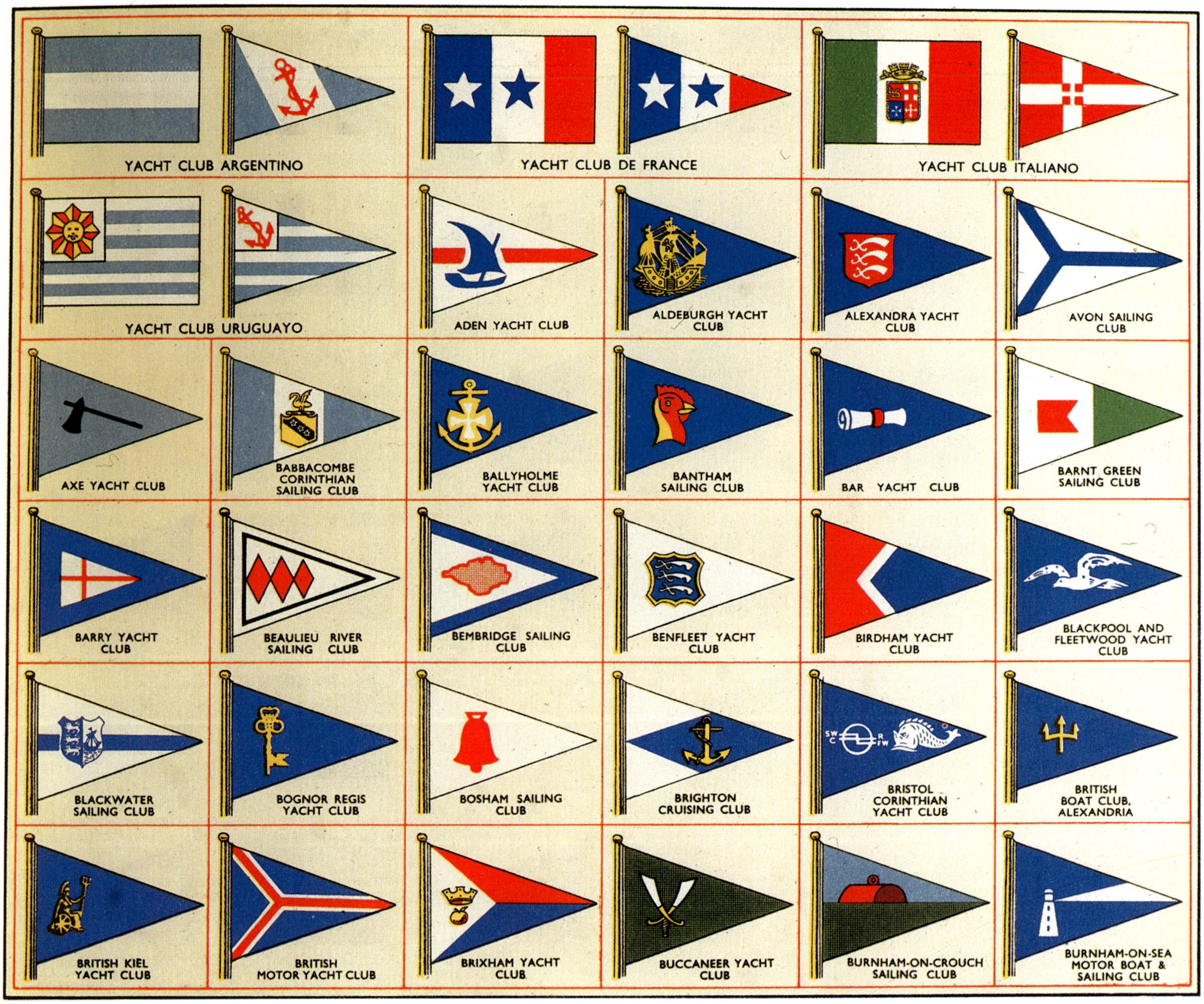
YACHT CLUB ARGENTINO
YACHT CLUB DE FRANCE
YACHT CLUB ITALIANO
YACHT CLUB URUGUAYO
ADEN YACHT CLUB
ALDEBURGH YACHT CLUB
ALEXANDRA YACHT CLUB
AVON SAILING CLUB
AXE YACHT CLUB
BABBACOMBE CORINTHIAN SAILING CLUB
BALLYHOLME YACHT CLUB
BANTHAM SAILING CLUB
BAR YACHT CLUB
BARNT GREEN SAILING CLUB
BARRY YACHT CLUB
BEAULIEU RIVER SAILING CLUB
BEMBRIDGE SAILING CLUB
BENFLEET YACHT CLUB
BIRDHAM YACHT CLUB
BLACKPOOL AND FLEETWOOD YACHT CLUB
BLACKWATER SAILING CLUB
BOGNOR REGIS YACHT CLUB
BOSHAM SAILING CLUB
BRIGHTON CRUISING CLUB
BRISTOL CORINTHIAN YACHT CLUB
BRITISH BOAT CLUB, ALEXANDRIA
BRITISH KIEL YACHT CLUB
BRITISH MOTOR YACHT CLUB
BRIXHAM YACHT CLUB
BUCCANEER YACHT CLUB
BURNHAM-ON-CROUCH SAILING CLUB
BURNHAM-ON-SEA MOTOR BOAT & SAILING CLUB

BURTON-ON-TRENT SAILING CLUB
CAERNARVON SAILING CLUB
CAIRO YACHT CLUB
CALSHOT SAILING CLUB
CAM SAILING CLUB
CAMBRIDGE MOTOR BOAT CLUB
CAMBRIDGE UNIVERSITY CRUISING CLUB
CARRICK SAILING CLUB
CASTLE COVE SAILING CLUB
CERCLE DE LA MARINE
CERCLE DE LA VOILE D'ARCACHON
CEYLON MOTOR YACHT CLUB
CHICHESTER YACHT CLUB
CHRISTCHURCH SAILING CLUB
CIRCOLO DEL REMO E DELLA VELA "ITALIA"
CLUB MARITIMO DE BARCELONA
CLUB NAUTICO DE BILBAO
CLUB NAUTICO SAN ISIDRO
CLYDE CANOE CLUB
CLYDE CRUISING CLUB
COLABA SAILING CLUB
COLNE YACHT CLUB
CONVERTED CRUISER CLUB
CONWAY YACHT CLUB
CORINTHIAN OTTERS
COUNTY ANTRIM YACHT CLUB
CROUCH YACHT CLUB
THE CRUISING ASSOCIATION
CUMBRAES YACHT CLUB
DEBEN YACHT CLUB
DEE SAILING CLUB
DELL QUAY SAILING CLUB
EAST ANGLIAN CRUISING CLUB
EAST COWES SAILING CLUB
EAST DORSET SAILING CLUB
EMSWORTH SAILING CLUB

Anhang

ENNISKILLEN YACHT CLUB
ERITH YACHT CLUB
ESSEX YACHT CLUB
EXILES SAILING CLUB
FEDERACION ESPAÑOLA DE CLUBS NAUTICOS
FELIXSTOWE FERRY SAILING CLUB
FINDHORN YACHT CLUB
FORTH CORINTHIAN YACHT CLUB
FULHAM YACHT CLUB
GÖTEBORGS KUNGL. SEGEL SÄLLSKAP
GRAVESEND SAILING CLUB
GUERNSEY YACHT CLUB
GURNARD SAILING CLUB
HABANA YACHT CLUB
HAMBLE RIVER SAILING CLUB
HAYLING ISLAND SAILING CLUB
HELFORD RIVER SAILING CLUB
HENLEY SAILING CLUB
HIGHLAND BRIGADE YACHT CLUB
HILL HEAD SAILING CLUB
HOLY LOCH SAILING CLUB
HOUSE OF LORDS YACHT CLUB
HOWTH MOTOR YACHT CLUB
HOYLAKE SAILING CLUB
HUMBER YAWL CLUB
HURLINGHAM YACHT CLUB
IMPERIAL POONA YACHT CLUB
IRISH CRUISING CLUB
IRONSIDES YACHT CLUB
ISLAND SAILING CLUB
ITCHENOR SAILING CLUB
KARACHI YACHT CLUB
KEYHAVEN YACHT CLUB
KJØBENHAVNS AMATØR-SEJLKLUB
KONINKLIJKE ROEI-EN ZEILVEREENIGING "DE MAAS"
KONINKLIJKE WATER SPORT-VEREENIGING "LOOSDRECHT"

LANGSTONE SAILING CLUB
LEE-ON-SOLENT SAILING CLUB
LEIGH-ON-SEA SAILING CLUB
THE LIGHTHOUSE CLUB
LITTLEHAMPTON SAILING AND MOTOR CLUB, Ltd.
LLOYD'S YACHT CLUB
LOCH LONG SAILING CLUB
LONDON CORINTHIAN SAILING CLUB
LOOE SAILING CLUB
LYMINGTON TOWN SAILING CLUB
LYTHAM YACHT CLUB
MALDON LITTLE SHIP CLUB
MALDON YACHT CLUB
THE MARINA CLUB
MEDWAY YACHT CLUB
MIDLAND SAILING CLUB
M
MINIMA YACHT CLUB
MOMBASA YACHT CLUB
MBMYC
MOUNT'S BAY MOTOR YACHT CLUB
MUDHOOK YACHT CLUB
MUMBLES YACHT CLUB
NAB CRUISING & SAILING CLUB
NAINI TAL YACHT CLUB
THE NARROW SEAS CLUB
NATIONAL YACHT CLUB
NEW PHALERON YACHT CLUB
NEWCASTLE-ON-TYNE MOTOR BOAT CLUB
NORFOLK BROADS YACHT CLUB
NORTH DEVON YACHT CLUB
NORTH WALES CRUISING CLUB
OSC
OBAN SAILING CLUB
OLD CARTHUSIAN YACHT CLUB
ORWELL YACHT CLUB
OUSE AMATEUR SAILING CLUB
OXFORD AND CAMBRIDGE SAILING SOCIETY
OXFORD UNIVERSITY YACHT CLUB

PEMBROKESHIRE YACHT CLUB
PENARTH YACHT CLUB
PIN MILL SAILING CLUB
POLSKI ZWIAZEK ZEGLARSKI
POOLE HARBOUR YACHT CLUB
PORTSMOUTH SAILING CLUB
RANELAGH SAILING CLUB
RANGOON SAILING CLUB
REAL CLUB MARITIMO (SANTANDER)
REAL CLUB NAUTICO DE BARCELONA
REAL CLUB NAUTICO DE SAN SEBASTIAN
REAL CLUB NAUTICO DE VIGO
REDCLYFFE YACHT CLUB
RESTRONGUET SAILING CLUB
R.E.S.A
RIVER EMERGENCY SERVICE ASSOCIATION
ROCHESTER CRUISING CLUB
R.A.F. SAILING ASSOCIATION (BULAWAYO)
ROYAL ALFRED YACHT CLUB
ROYAL ARMY SERVICE CORPS YACHT CLUB
ROYAL CANADIAN YACHT CLUB
ROYAL CANOE CLUB
ROYAL DEE YACHT CLUB
ROYAL FRESHWATER BAY YACHT CLUB
R.N.V.R. SAILING CLUB
ROYAL SCOTTISH MOTOR YACHT CLUB
ROYAL SIGNALS SAILING ASSOCIATION
ROYAL YACHT CLUB OF EGYPT
ROYAL YACHT CLUB OF GREECE
ST. HELIER YACHT CLUB
ST. MAWES SAILING CLUB
SALCOMBE YACHT CLUB
SSC
SCARBOROUGH SAILING CLUB
SEAVIEW YACHT CLUB
S M Y C
SEVERN MOTOR YACHT CLUB
SHEFFIELD CORINTHIAN SAILING CLUB
S
SHEPPEY YACHT CLUB

SOCIÉTÉ DES REGATES DU HAVRE
SOLWAY YACHT CLUB
SOUTH CAERNARVONSHIRE YACHT CLUB
STRAND-ON-THE-GREEN SAILING CLUB
STRANGFORD LOUGH YACHT CLUB
STROOD CRUISING CLUB
SUNDERLAND YACHT CLUB
SUSSEX YACHT CLUB
TAMESIS CLUB
TEIGN CORINTHIAN YACHT CLUB
THAMES ESTUARY YACHT CLUB
THAMES MOTOR CRUISING CLUB
THAMES SAILING CLUB
THURROCK YACHT CLUB
TOPSHAM SAILING CLUB
TORBAY SAILING CLUB
TORQUAY CORINTHIAN YACHT CLUB
TRANMERE SAILING CLUB
TREARDDUR BAY SAILING CLUB
TRENT SAILING CLUB
TRIPOLI DOLPHIN (SERVICES) YACHT CLUB
TWICKENHAM YACHT CLUB
UNION OF INTERNATIONAL MOTORBOATING
UNITED HOSPITALS SAILING CLUB
UP RIVER YACHT CLUB
WALDRINGFIELD SAILING CLUB
WALTON & FRINTON YACHT CLUB
WATERSPORT VEREENIGING "SCHIEDAM"
WEST CHESHIRE SAILING CLUB
WEST KIRBY SAILING CLUB
WEST LANCASHIRE YACHT CLUB
WEST MERSEA YACHT CLUB
WEST WIGHT SCOW CLASS
WESTERN ISLES YACHT CLUB
WEYMOUTH SAILING CLUB
WHITBY YACHT CLUB

ADRESSEN DER BEHANDELTEN YACHT-CLUBS IN DER REIHENFOLGE IHRER GRÜNDUNG

Royal Thames Yacht Club, 60 Knightsbridge, London SW1X, 7LF, Großbritannien; Gründungsjahr: 1775

Royal Yacht Squadron, The Castle, Cowes, Isle of Wight, Großbritannien; Gründungsjahr: 1815

Kungl. Svenska Segel Sällskapet, Eriksbergsgatan 1/b, 11430 Stockholm, Schweden; Gründungsjahr: 1830

Société des Régates du Havre, Port des Yachts, Bd. Clémenceau, 76600 Le Havre, Frankreich; Gründungsjahr: 1838

New York Yacht Club, 37-41 West 44th Street, New York, N.Y. 10036, USA; Gründungsjahr: 1844

Koninklijke Nederlandsche Zeil- en Roeivereeniging, Postbus 30, Muiden 1398 BB, Holland; Gründungsjahr: 1847

Koninklijke Roei-en Zeilvereeniging „De Maas“, Veerdam 1, Rotterdam 3016 DD, Holland; Gründungsjahr: 1851

Royal Canadian Yacht Club, 141 St. George Street, Toronto, Ontario, Kanada; Gründungsjahr: 1852

Royal Sydney Yacht Squadron, Peel Street, Kirriwilli, New South Wales 2061, Australien; Gründungsjahr: 1862

Yacht Club de France, 6, Rue Galilée, 75116 Paris, Frankreich; Gründungsjahr: 1867

Norddeutscher Regatta Verein, Schöne Aussicht 37, 2000 Hamburg 76, Bundesrepublik Deutschland; Gründungsjahr: 1868

Royal New Zealand Yacht Squadron, P.O. Box 904, Squadron Rooms, Westhaven Boat Harbour, Auckland 1, Neuseeland; Gründungsjahr: 1871

Yacht Club Italiano, Porticciolo duca degli Abruzzi, 16126 Genua, Italien; Gründungsjahr: 1879

Real Club Náutico de Barcelona, Muelle de Espana, Barcelona, Spanien; Gründungsjahr: 1879

Real Club Marítimo de Barcelona, Muelle de España, Barcelona, Spanien; Gründungsjahr: 1881

Kongelig Norsk Seilforening, Huck Avenue 1, Bygd Øi, Oslo 2, Norwegen; Gründungsjahr: 1883

San Diego Yacht Club, 1103 Anchorage Lane, San Diego, Kalifornien 92106, USA; Gründungsjahr: 1886

Kieler Yacht Club, Hindenburgufer 70, 2300 Kiel 1, Bundesrepublik Deutschland; Gründungsjahr: 1887

Circolo del Remo e della Vela Italia, Banchina Santa Lucia, 80132 Neapel, Italien; Gründungsjahr: 1889

Royal Ocean Racing Club, 20 St. James Place, London, SW1A 1NN, Großbritannien; Gründungsjahr: 1925

St. Francis Yacht Club, On the Marina, San Francisco, Kalifornien 94123, USA; Gründungsjahr: 1927

Yacht Club Costa Smeralda, 07020 Porto Cervo, Italien; Gründungsjahr: 1967

LITERATURVERZEICHNIS

Belloni, Franco, *Yacht Club Italiano 1879—1979*

Bradford, Ernle, *Three Centuries of Sailing,* London, Country Life Limited, 1964

Dear, Ian, *The Royal Yacht Squadron 1815—1985,* London, Stanley Paul & Co Ltd, 1985

De Geschiedenis van de Koningklij Nederlandsche Zeil-en Roeivereeniging van 1847 tot 1972, Amsterdam, P.N. Van Kampen & Zoon N.V., 1972

Gotland Runt, Stockholm, BNL Förlag, 1984

Hammond, Geoffrey F., *Showdown at Newport,* New York, Walden Publications, 1974

Heaton, Peter, *La grande avventura dello Yachting,* Mailand, Arnoldo Mondadori Editore, 1974

Heckstall-Smith, B., *A Catalogue of prints, portraits and oil paintings in the club house of the Royal Thames Yacht Club,* London, Diprose, Bateman & Co, 1938

Heje, Knut, *Kongelig Norsk Seilforening, 1883—1983,* Oslo A/S Merkur-Trykk, 1983

Holmes, Noel, *Century of sail,* Auckland, Whitcombe & Tombs Ltd, 1971

Koninklijke Nederlandsche Zeil-en Roeivereeniging, *Lustrum uitgave 1847—1982* (Jahrbuch 1978—1982)

Koninklijke Nederlandsche Zeil-en Roeivereeniging, *Lustrum uitgave 1847—1977* (Jahrbuch 1973—1977)

Koninklijke Roei-en Zeilvereeniging „De Maas“, *„De Maas“ 25 Jaar Later 1951—1976*

Kungl Svenska Segel Sällskapets, *Kungliga seglare och seglande kungar,* Västerås, Grafica, 1979

Martinez-Hidalgo, Josè Maria, *Los Deportes Nauticos en Cataluña, 1821—1936,* Barcelona, 1978

Möring, Maria, *Kieler Woche und Norddeutscher Regatta Verein,* Hamburg, Verlag Hanseatischer Merkur, 1982

New York Yacht Club, *1982 (Jahrbuch),* Palmer & Oliver Division, Martocci & Sons, 1982

Philipps-Birt, Douglas, *The Cumberland Fleet,* London, The Bodley Head Ltd, 1978

Reale Circolo Italiano della Vela, *Jahrbuch 1941—42,* Genua, 1942

Ratti, Fabio — Bottini, Margherita, *Admiral's Cup,* Mailand, Idealibri, 1985

Regio Yacht Club Italiano, *Regolamento Generale,* Genua, 1928

Register of Yachts 1950, London, Lloyd's Register of Shipping, 1950

Rost, Alexander, *100 Jahre Kieler Woche,* Bielefeld, Delius, Klasing & Co, 1982

Sardà i Llorens, Rafael, *80 anys d'esports de la mar, Reial Club Maritim de Barcelona,* Barcelona, GEA Edicion, 1982

Meyer-Döhner, Kurt, *75 Jahre KYC,* Bielefeld und Berlin, Verlag Delius, Klasing & Co, 1962
Snider, C.H.J., *Annals of the Royal Canadian Yacht Club 1852—1937,* Toronto, Rous & Mann Ltd, 1937
Snider, C.H.J., *Annals of the Royal Canadian Yacht Club, 1938—1954,* Toronto, Rous & Mann Press Ltd, 1954
Société des Régates du Havre, *Année 1985*
Stephensen, P.R., *Sydney Sail,* Sydney, Angus and Robertson, 1962
The Royal Canadian Yacht Club, *Year Book,* 1986
Yacht Club de France, *1867—1967*
Yacht Club Italiano, *Jahrbuch,* 1979

Unser besonderer Dank gilt den behandelten Clubs, die uns freundlicherweise ihre Archive zur Verfügung gestellt und uns erlaubt haben, das historische Bildmaterial zusammenzustellen.

Die aktuellen Photographien stammen von:

R.T.Y.C. Riccardo Villarosa S. 13, 16—17,18; Barbara Pyle S. 21
R.Y.S. Riccardo Villarosa S. 27; Margherita Bottini S. 32, Beken S. 33
K.S.S.S. Riccardo Villarosa
N.Y.Y.C. Riccardo Villarosa
S.D.Y.C. Stefano Vegliani S. 58, 59, 60; Margherita Bottini S. 61
S.F.Y.C. Stefano Vegliani S.62, 63, 64; Margherita Bottini S. 65
K.R.&Z.V. Riccardo Villarosa
K.N.Z.&R.V. Riccardo Villarosa S. 76; Jonathan Eastland S 77
R.C.Y.C. Anna Monaco
R.S.Y.S. Margherita Bottini
R.N.Z.Y.S. Margherita Bottini
Y.C.F. Riccardo Villarosa
S.R.H. Margherita Bottini
N.R.V. Riccardo Villarosa S. 114—122, S. 123 (unten), S. 124 (links); Bilderberg S. 123 (oben), S. 124 (rechts), S. 125
K.Y.C. Peter Neumann S. 126 (oben), 128, 129; Riccardo Villarosa S.122 (unten)
Y.C.I. Margherita Bottini S. 124, 127, 132, 133; Carlo Borlenghi S. 135
C.R.V.I. Paolo Cavaglione S. 139
R.C.N.B. Carlo Borlenghi S. 142; Riccardo Villarosa S. 143—146
R.C.M.B. Riccardo Villarosa
K.N.S. Riccardo Villarosa
R.O.R.C. Margherita Bottini S. 164, 166—169, Riccardo Villarosa S. 171
Y.C.C.S. Margherita Bottini

Die Zeichnungen sind von David Besana, das übrige Bildmaterial von Fredi Marcarini.